지금 우리가
갈라디아서를
읽는 이유

지금 우리가 갈라디아서를 읽는 이유

지은이 | 김관성 · 문지환 · 정우조
초판 발행 | 2023. 7. 21
등록번호 | 제 1988-000080 호
등록된 곳 | 서울특별시 용산구 서빙고로 65 길 38
발행처 | 사단법인 두란노서원
영업부 | 2078-3352   FAX | 080-749-3705
출판부 | 2078-3331

책값은 뒤표지에 있습니다 .
ISBN 978-89-531-4514-6 03230

독자의 의견을 기다립니다 .
tpress@duranno.com   www.duranno.com

두란노서원은 바울 사도가 3차 전도여행 때 에베소에서 성령 받은 제자들을 따로 세워 하나님의 말씀으로 양육하던 장소입니다. 사도행전 19장 8-20절의 정신에 따라 첫째 목회자를 돕는 사역과 평신도를 훈련시키는 사역, 둘째 세계선교(TIM)와 문서선교(단행본·잡지) 사역, 셋째 예수문화 및 경배와 찬양 사역, 그리고 가정·상담 사역 등을 감당하고 있습니다. 1980년 12월 22일에 창립된 두란노서원은 주님 오실 때까지 이 사역들을 계속할 것입니다.

지금 우리가

믿음의 삶이 고민일 때
바울의 대답을 들으라

갈라디아서를
읽는
이유

김관성 · 문지환 · 정우조 지음

두란노

차례

갈라디아서는 기독교 신앙이 율법에 있지 않다, 그것은 믿음과 은
혜 위에 있다, 그리고 하나님이 요구하시는 구원의 열매는 윤리와
도덕의 실천이 아니라 인격적이며 진정한 인간성의 완성 곧 성령
의 열매다, 라고 합니다. 율법의 약점은 잘못을 비난하고 정죄하
는 부정적이고 소극적 가치에 불과합니다. 은혜와 믿음이 말하는
성령의 열매는 가장 적극적인 관용, 위로, 명예, 영광을 말합니다.
잘잘못으로 평가되는 윤리 도덕적 이분법(二分法)으로 착하게 사
는 것이 전부인 신앙에서 용서, 이해, 회복, 기쁨, 찬송과 감사라
는 하나님의 자녀 된 존재론과 정체성, 그리고 지위와 신분에 걸
맞은 운명을 살아 내시기 바랍니다.

　김관성, 문지환, 정우조 이 세 분 목사님의 수고와 정성이 독
자들의 신앙에 생명과 진리의 충만을 주리라 기대합니다.

박영선 남포교회 원로목사

갈라디아서는 비교적 짧지만 결코 설교하기 쉽지 않은 책입니다. 무엇보다 갈라디아서가 편지로 보내질 당시, 바울이 교회의 어떤 문제들을 다루고자 했던 것인지 파악하기가 만만치가 않습니다. 바울서신과 관련한 학계의 복잡하고 치열한 논의들은 다 여기에서 비롯된다고 해도 과언이 아닐 것입니다. 그렇기에 각자 다른 신학적 관점을 갖고 있는 세 명의 목회자가 갈라디아서 강해를 공동 집필했다는 소식 자체가 놀라웠습니다. 과연 가능할까 싶기도 했습니다. 그러나 어쩌면 서로 다른 배경을 가진 사람들이 하나가 되어 겸손히 하나님의 말씀에 귀 기울이는 모습이야말로 바울이 이 서신을 통해 의도한 바였을지 모른다는 생각을 이 책을 읽으면서 하게 되었습니다. 부디 이 책을 통해서 바울에게 주신 하나님의 말씀이 우리 모두에게 더욱 분명히 들려질 뿐 아니라, 하나 됨의 열매를 맺게 할 것을 기대하며 권합니다.

송태근 삼일교회 담임목사

이따금 고개를 갸웃거린다. 바울이 이렇게 어렵게 썼을까? 일천 쪽에 달하는 설명이 필요할 만큼 복잡하게 썼단 말인가? 헬라어 한 자 한 자를 뜯어도 동일한 본문에 왜 저리 다양한 해석이 난무하는지? 그렇다면 첫 수신자들은 정녕 이해하지 못했단 말인가? 그럼 바울이 왜 쓴 거지? 그렇다면 혹 우리가 잘못 또는 과도하게 해석하는 것은 아닐까? 이런 생각에 갸우뚱거린다.

편지 쓰는 바울 곁에 선 이처럼, 편지를 읽는 갈라디아의 성도라도 된 듯이 풀어 주는 차분하지만 따뜻한 이 해설서 덕분에 원초적이고 원래적인 갈라디아서 본문에 한 걸음 더 다가선 듯하다. 복음에 대한 열정과 청중에 대한 사랑, 학문적 이해가 하나가 되듯, 세 사람의 공동 작업으로 탄생한 이 책으로 멀고 멀었던 갈라디아서가 지금 여기 나를 위한, 우리를 위한, 이 시대를 향한 하나님의 말씀으로 읽힌다.

이제는 슬며시 미소 짓거나 환한 웃음으로 고개를 끄덕이고, 무릎을 치고, 데운 가슴을 차분히 쓸어내리며 각자의 삶의 자리로 떠나갈 독자를 보며 바울도 고개를 끄덕이며 기뻐하리라.

김기현 로고스교회 담임목사

현장에서 성도들의 삶을 가슴에 품고 메시지를 준비한 목회자들의 묵상과 고뇌가 보입니다. 탁월하게 현대의 언어로 풀어낸 갈라디아서 강해집이 핵심 포인트와 나눔으로 보기 좋게 편집되어 목회자와 성도들에게 실제적인 도움이 될 것입니다.

김관성 목사는 진심으로 사람을 사랑하고 귀하게 여기며, 그의 사역은 항상 성도들을 향하고 있습니다. 심방하며 성도들의 집으로 향하는 발걸음 속에 그들을 향한 사랑이 녹아 있습니다. 이번에 귀한 후배 목사님들과 머리를 맞대어 공부하고 묵상한 결과들이 평신도들과 갈라디아서를 강단에서 외쳐야 할 목회자들에게도 크게 도움이 되리라 믿습니다.

말씀은 사람을 살립니다. 잘못된 가르침은 또한 사람을 죽입니다. 세 분의 목회자가 자신의 은사에 집중하여 써 내려간 글의 힘이 놀랍습니다. 삼겹줄의 힘으로 쓰인 갈라디아서 강해를 읽으며 우리의 믿음도 든든하게 세워지기를 기도합니다.

홍민기 라이트하우스무브먼트 대표

매주 많은 설교를 준비하는 목사들로서, 언제나 '복음'에 대한 고민이 많았습니다. 누군가 저희더러 바다가 무엇인지를 묻는다면 그 사전적 정의는 매우 쉽게 대답할 수 있지만, 바다가 지닌 풍요로움과 깊음을 충분히 해설하려면 말 그대로 바다만큼 깊은 사유와 풍부한 표현들을 곁들여야 하지요. 복음이 그랬습니다. 어린아이들에게는 한두 문장의 쉬운 내용으로 정리해 줄 수는 있습니다. 하지만 그 깊은 의미들을 풍성하게 정리하고 전달하는 작업으로 들어가면 목회 경력이 아무리 길다 해도 자신의 부족함과 모자람을 절감할 수밖에 없지요.

교회 앞에 설 때마다 '하나님 나라의 복음에 목마른 성도들에게 이 놀랍고 아름다운 기쁜 소식을 어떻게 잘 전하고 가르칠 수 있을까?' 하는 고민이 깊어졌습니다. 서로 다른 성격과 목회철학을 가진 저희 세 명의 목사가 굳이 모여서 주기적으로 그에 대한 생각을 나누며 때로는 격론을 벌였던 이유도 그 고민 때문이었습니다.

어느 날 저희는 복음에 담긴 내용을 가장 적나라하게 선포하는 성경이 무엇일까 되물어 보았습니다. 그리고 세 명 모두 동일한 결론에 도달했습니다. 바로 갈라디아서였습니다. 종교개혁자 마르틴 루터(Martin Luther)가 사랑했고, '오직 믿음으로 하나님의 의롭다 하심을 얻는다'는 이신칭의의 원초적 복음이 울려 퍼지는 책이지요.

마침 셋 중 막내인 정우조 목사가 당시 부목사로 섬기던 교회에서 갈라디아서를 본문으로 강해설교를 시작하던 차였습니다. 그 설교들의 원고에 김관성 목사는 신학적 균형과 논지들의 강화를, 그리고 문지환 목사는 교리적 풍성함과 주제의식의 명료화를 더했습니다. 그렇게 저희는 한동안 이 위대한 서신을 붙잡고 셋이 함께 씨름하며 하나님 앞에서 발버둥 쳤습니다. 그리고 어느 날, 이 졸고가 탄생하게 되었습니다.

세 명의 목사가 머리를 맞대고 갈라디아서가 선포하는 복음의 메시지에 깊이 천착하기 시작하면서 부딪힌 가장 큰 어려움은 역시 설교였습니다. '어떻게 하면 갈라디아서 본연의 맛을 유지하면서 우리가 섬기는 성도들에게 설득력 있게, 그리고 명료하게 그 내용을 전달할 수 있을까?'

설교는 성경 본문을 통해 울려 오는 하나님의 말씀을 성도들에게 올바로 전하는 행위이기에 고뇌는 깊어졌습니다. 때때로 신앙의 선배들이 살았던 고대의 일상을 21세기의 현대 그리스도인들이 이해하기 쉽도록 '번역'하는 작업이며, 또 어떤 때는 구절과 구절 사이 행간에 숨어 있는 미묘한 뉘앙스들을 해체하고 재구성하는 일이 바로 '설교'니까요.

성경의 대부분은 해석을 필요로 하는 본문들로 구성되어 있지만, 서신서는 결이 조금 다릅니다. 별도의 해석 과정을 크게 요하지 않을 때가 많은 '편지'들이기 때문이지요. 암호문이 아닌 이상 편지에 쓰인 글들을 굳이 해석할 이유는 없습니다. 게다가 신약 성경의 서신서들 대부분은 회람을 목적으로, 각 교회의 신자들에게 들려주고 선포하기 위한 글로 작성되었습니다. 갈라디아서보다 직관적인 글은 드물 것입니다. 그래서 강해하는 작업이 다른 성경들에 비해 정말 쉽지 않았습니다. 2천 년 전 사도 바울이 대면했던 갈라디아의 신자들과 저희 셋이 목회하고 있는 교회의 성도들은 동일한 청중이 아니라는 점도 한몫했고요. 1세기 초대 교회의 상황과 21세기 한국교회 사이에는 역사적, 문화적 배경부터 시작해서 매우 큰 간극이 존재하니까요.

상기한 여러 난점들로 인해, 저희 세 명이 함께 갈라디아서를 연구하자고 처음 결심했을 때 사실 덜컥 겁부터 났습니다. 서로 다른 신학적 색깔과 성향을 지닌 목사들이 하나의 서신에서 과연 동일한 메시지와 결론을 이끌어 낼 수 있을까 하는 의구심도 들었습니다. 그래서 저희는 무엇보다 겸손한 마음으로 먼저 기도하며, 다시금 이 위대한 서신을 찬찬히 들여다보기 시작했지요. 그러자 저희 안에 몇 가지 공통된 의문들이 떠오르더군요. '우리는 과연 이 서신에 대해 제대로 알고 있는 것일까?', '바울이 갈라디아 지역의 교회에 전한 가르침들이 오늘날 우리가 이해하고 받아들이는 그 이야기들이 맞는 것일까?', '혹시 우리는 갈라디아서에 관해, 그리고 이 편지의 핵심 주제인 이신칭의에 대해 뭔가 빠뜨리고 있는 것은 아닐까?'

사도 바울이 쓴 서신들은 각 지역에 흩어져 있던 여러 교회들이 각자 끌어안고 분투해 온 매우 실제적인 신학적 이슈들에 관한 '실전 처방'이었습니다. 그러므로 갈라디아의 교회에 보낸 그의 편지 역시 그 교회가 맞닥뜨리고 있던 심각한 위기에 대응하기 위한 방편이었을 테고요. 읽으면 읽을수록 갈라디아서는 아무 문제 없이 평온하게 신앙생활 하던 신자들에게 발송된 서신이 아니라, 교회와 신앙의 존폐가 좌우되던 상황에 내려친 말씀의 벼락이었습니다. 새하얀 백지 위에 쓰인 교리 모음집이 아닌, 연약한 신자들을 뒤흔들던 '다른 복음'에 맞서기 위해 사도가 그의 눈물로 써 내려간 사랑의 편지였습니다.

저희가 이 사실을 숙지한 후 갈라디아서를 묵상하면서부터, 이 서신의 다양한 지평들이 보였습니다. 오직 믿음으로 의롭다 하심을 받는다는 '이신칭의' 복음에 대한 이해도 더욱 풍성해졌습니다. 비록 셋 모두 전문 신학자가 아니지만, 여러 개론서들과 탁월한 주석들의 도움을 받아 가며 사랑하는 성도들을 위해 선물을 준비하는 마음가짐으로 한 단락, 아니 한 문장씩 강해를 진척시켰습니다.

연구가 진행될수록 목회 현장에서 실제로 그 메시지를 전달한 정우조 목사는 설교를 하는 자와 듣는 자 모두가 성령 안에서 큰 감격을 맛보는 경험을 누렸습니다. 무엇보다 저희 모두가 '믿는 자'로서 어떻게 살아야 할지에 관한 새로운 적용점들을 발견했습니다. 하나님 나라 복음의 압도적인 아름다움과 부요함이 주는 기쁨과 감격은 은혜 위에 더해진 은혜였습니다.

부족하지만 복음을 위한 열정만으로 뭉친 저희 셋이 함께 누린 그 은혜와 감동이 이 책과 더불어 갈라디아서를 묵상하는 모든 독자에게도 동일하게, 아니 더욱 풍성하게 임하기를 소망합니다. 세 명의 목사들이 함께 연구하고 다듬은 이 강해가 부족하나마 한국교회 신자들의 갈라디아서 이해에 약간의 도움을 드릴 수 있기를 진심으로 기원하며 글을 마칩니다.

2천 년 전 갈라디아의 교회에 담대히 선포되었던 '오직 예수'의 복음이 다시금 이 땅에 힘차게 울려 퍼지길 간절히 소망하며.

김관성·문지환·정우조

오직
예수 그리스도

1:1-10

∞

갈라디아서는 그 어떤 성경보다도
믿음과 예수 그리스도의 충족성에 대한
고백으로 가득 차 있습니다.
예수 그리스도 한 분만으로 충분하다는 것이
갈라디아서의 주제이며, 바울이 이 편지를 통해
갈라디아 지역의 교회에 가르치고자 하는
가장 중요한 신앙의 진리입니다.

III

혹시 사랑하는 사람에게 러브레터를 써 본 적이 있나요? 단 한
사람만을 향한 마음을 정성스레 써 내려간 그 편지에는 발신자
와 수신자가 아닌 제3자는 전혀 알 수 없는 '우리들만의 이야기'
가 존재합니다. 우리가 러브레터를 쓰면서 거기에 쓰인 문장들
을 세상 모든 사람이 들여다보고 해석하고 적용할 거란 생각을
하지는 않을 것입니다. 또한 그곳에 나열된 표현들의 사상적 배
경 따위를 각주로 달아 두지도 않을 테고요. 애초에 편지란 굉장
히 사적인 글이고, 상세한 해설이나 주석 따위가 필요하지 않은
장르니까요.

바울이 썼던 편지들도 마찬가지입니다. 바울서신들은 일차적
으로 '사적인' 측면을 띠고 있습니다. 딱히 해석이나 적용을 요구
하지 않는, 직관적이고 명료한 내용들로 이루어져 있으며 그 이
야기를 받아들여야 할 대상 역시 명확하다는 뜻이지요. 마치 러

브레터처럼요. 그래서인지 그가 쓴 여러 개의 편지들 사이에서 정교한 신학적 체계나 사상적 구조를 발견하기는 사실 어렵습니다. 서신들의 상호 관계를 염두에 둔 글들이 아니며, 개연성이나 통일성을 처음부터 치밀하게 계산하고 편지들을 쓴 것이 아니기 때문입니다.

그런데 놀랍게도 바울이 여러 교회들에 보낸 서한들은 '공적인' 측면도 함께 갖추고 있습니다. 두 사람 사이에 오고 가는 은밀한 이야기라기보다는 교회 공동체 전체를 향한 사도의 목소리를 담고 있기 때문입니다. 심지어 빌레몬이라는 개인에게 보낸 편지조차 발신자와 수신자의 목록에 복수의 인물들이 언급되고 있지요(몬 1:1-2). 아마 바울서신들은 교회들에 회람되면서 공적인 자리에서 낭독되었을 가능성이 높습니다. 바울이 쓴 편지들은 존중받았고, 시간이 흐르면서 점점 정경으로서의 권위를 획득하기 시작했습니다.

이처럼 바울서신은 사적이면서도 공적인 글이라는 독특성을 갖고 있습니다. 바울은 교회를 위한 편지를 썼지만, 자신의 신학을 체계적으로 전달하기 위한 목적은 아니었습니다. 그의 서신에는 신학적 진리들이 담겨 있지만, 조직신학적 밑그림을 그려 두고 그 위에 서신들을 써 내려간 것이 아닙니다. 다만 그는 초대교회가 처해 있던 신학적 위기 앞에서 각 공동체들에게 필요한 복음의 지혜를 적절하게 '처방'해 주었을 뿐입니다. 바울의 서신들마다 주제와 문제의식이 서로 다른 이유도 여기에 있습니다.

어쩌면 이것이야말로 후대의 그리스도인들을 위한 하나님의 은혜였을지도 모르지요. 바울이라는 탁월한 신학자이자 목회자가 각양각색의 문제를 가진 여러 교회들을 편지로 돌보고 권면하게 하심으로써 후대의 모든 신자와 교회들이 각자 처한 문제들에 맞서 '이미 작성된 처방전'인 그의 서신들을 참고해 가며 교회의 위기들을 돌파할 수 있게 되었으니까요.

지금부터 우리가 살펴볼 갈라디아서라는 서신은 종교개혁자 마르틴 루터가 로마서와 더불어 가장 사랑했던 신약 성경입니다. 이 책으로부터 개신교의 핵심 교리라 할 수 있는 '이신칭의'(以信稱義)가 발견되었습니다. '오직 예수 그리스도를 믿는 믿음으로 의롭게 된다'는 가르침이 그것이지요.

하지만 오늘날 적지 않은 수의 신학자들은 우리가 생각하는 이신칭의 개념에 다소 수정이 필요하다는 데 동의합니다. 믿음으로 의롭게 된다는 진리가 틀렸다는 것일까요? 당연히 그렇지는 않습니다. 단지 바울이 강조했던 '믿음', 그리고 '의롭게 된다'는 개념들에 관해 혹시 우리가 오해했거나, 이해에 있어서 부족함은 없었는지 되돌아봐야 한다는 것이지요.

이신칭의라는 교리가 틀렸다는 말이 아니라, 바울이 가르쳐 준 이 복음의 진리에 대한 우리의 이해가 조금 부족했다는 사실을 인정하고, 더 풍성하고 완전한 믿음을 향해 나아가자는 것이 지금부터 시작될 갈라디아서 강해의 목적입니다. 단지 나 한 사람 예수 믿으면 의롭게 된다는 단편적이고 개인적인 가르침을 넘어서 갈라디아의 교회를 향한, 그리고 오늘 우리의 교회 공동체를 향한 사도 바울의 풍성한 메시지까지 듣기를 원하는 깃입니다. 부디 이 시간을 통해 우리 믿음의 본질을 찬찬히 돌아보고, 우리를 구원하시고 하나 되게 하신 주님을 찬양하며 기뻐할 수 있기를 그리스도 안에서 소망합니다.

■ 갈라디아서의 주요 주제

예수면 다다?

한때 한국교회를 뜨겁게 달궜던 구호가 있습니다. 바로 "예수면 다다!"라는 문구입니다. 말 그대로, 우리 그리스도인들은 세속의 허망한 것들을 추구하지 않고 오직 예수 그리스도 한 분만으로 충분하다는 선언이지요. 이 말은 예수님 외에 그 어떤 것도 신자의 삶에 출발점이 될 수 없다는 뜻, 그리고 예수님 외에 그 무엇도 그리스도인의 인생에 결승점이 되지 못한다는 급진적인 신앙 고백입니다. 또한 이 말은 기독교 신앙의 핵심을 잘 표현한 문장이기도 합니다. 예수 그리스도 외에 다른 무언가가 더 필요해진다면,

그때부터 그것은 기독교가 아니기 때문입니다.

저희 역시도 소위 회심을 경험한 후에 가장 뜨겁게 되뇌며 삶의 모토로 삼았던 말이 바로 "예수면 다다!", 그리고 "예수님이면 충분하다!"였습니다. 그렇지 않았다면 목회자가 되기를 결단하지 못했겠지요.

그런데 놀랍게도 신학대학원에 진학하고 하나님의 말씀인 성경을 진지하게 공부하기 시작하면서, 가슴을 뜨겁게 달궜던 이 구호가 뭔가 부족하다고 느껴졌습니다. 분명 맞는 말이고 매우 중요한 말인데도, "예수면 다다!"라는 외침만으로는 믿음이나 기독교 신앙을 충분히 설명할 수 없다는 사실을 깨달은 것이지요. 당신은 '예수면 충분하다'는 사실에 "아멘"으로 화답합니까? 그렇다면 혹시 그 말을 정확히 풀어서 설명할 수 있나요?

"예수면 다다!"라는 이 뜨거운 구호가 구체적으로 어떻게 내 삶 속에서 실천되고 적용되는지를 해설할 수 없다면, 이것은 말 그대로 구호에 지나지 않음을 차츰차츰 인식하게 되었습니다. "예수님 한 분만으로 충분합니다"라고 고백하는 교인들은 너무나 많았지만, 대체 어떤 의미에서 충분하다는 뜻인지 물으면 선뜻 대답할 수 있는 사람은 드물었습니다. 심지어 그들이 생각하는 '예수님'이 서로 다르다는 점도 발견했고요.

이 구호가 온전해지기 위해서는 반드시 필요한 작업이 있었습니다. "예수면 다다!"라고 고백할 때, 먼저 그 예수님이 어떤 분이신지 정확히 알고 그분에 대한 올바른 지식에 입각해서 '그것이면 나는 충분하다'고 인정하는 일입니다. 이 과정 없이 그저 예수님이면 충분하다고 말하는 것은 두루뭉술한 예수님의 이미지를 내 마음대로 만들어 놓고 뜨겁지만 모호한 신앙 고백을 하는 것일 뿐이지요. 예수 그리스도가 어떤 분이신지 잘 알지도 못하면서 그저 그분만으로 충분하다고 고백하는 것은 극단적으로 말하면 오히려 그분을 무시하는 행위와 같습니다. 신자가 빠질 수 있는 함정 중에 하나입니다.

예수님이면 충분하다는 고백의 의미

갈라디아서 1장 1-10절을 대표하는 이 강의 제목도 그와 같습니다. "오직 믿음", 혹은 "오직 예수 그리스도"라는 구호는 바로 그 예수님이 어떤 분이시며 무엇이 믿음인지를 바르게 인지할 때 비로소 효과가 있습니다.

갈라디아서는 그 어떤 성경보다도 더욱 믿음과 예수 그리스도의 충족성에 대한 고백으로 가득 차 있습니다. 어쩌면 갈라디아서의 주제 자체가 "예수님 한 분으로 충분하다"는 메시지일 수도 있고요. 저는 갈라디아서의 모든 내용을 단 한 문장으로 요약한 구절이 다음 말씀이라 생각합니다. "**내가 그리스도와 함께 십**

자가에 못 박혔나니 그런즉 이제는 내가 사는 것이 아니요 오직 내 안에 그리스도께서 사시는 것이라 이제 내가 육체 가운데 사는 것은 나를 사랑하사 나를 위하여 자기 자신을 버리신 하나님의 아들을 믿는 믿음 안에서 사는 것이라"(갈 2:20).

데살로니가전후서가 다시 오실 예수 그리스도에 관한 이야기 곧 미래적 종말론에 관한 내용을 전해 준다면, 갈라디아서는 바로 그 다시 오실 예수 그리스도가 이미 지금 우리 안에 들어와 사신다는 현재적 종말론을 가르쳐 줍니다. "마지막 날에 우리가 하나님의 심판대 앞에 모두 서게 될 텐데, 그때 신자들은 어떻게 하나님의 심판이 아닌 긍휼을 입을 수 있는가?"라는 질문에 대해 사도 바울은 "'오직 예수 그리스도로 인해' 우리가 '의롭다'고 인정받게 된다"고 말하고 있지요.

이것은 기독교 신앙에서 가장 신비하고 경이로운 이야기입니다. 역사의 마지막 날에 왕으로 다시 오실 주님이, 동시에 지금 이 순간 우리 안에 이미 함께하고 계신다는 고백이니까요. 예수 그리스도 한 분만으로 충분하다는 것이 갈라디아서의 주제이며, 바울이 이 편지를 통해 갈라디아 지역의 교회에 가르치고자 하는 가장 중요한 신앙의 진리입니다. 또한 오늘날에도 교회 공동체들을 위로하시는 하나님의 메시지이기도 하지요.

앞서 언급한 것처럼, 바울의 편지들은 그것이 향하고 있는 수신자들의 위기 상황과 문제들에 맞춰 쓰였습니다. 다시 말해서 그 서신을 받게 될 사람들, 교회 공동체에 당장 필요한 말씀과 가르침들이 기록되어 있었지요. 그렇다면 지금 이 편지가 쓰일 당시 갈라디아 지역의 교회들은 예수님 한 분 외에 다른 무언가가 필요하다는 잘못된 가르침으로 인해 큰 위기를 맞이하고 있었음을 우리는 유추하게 됩니다. 바울은 갈라디아서 1장 6절부터 바로 그 이야기를 하고 있습니다.

■ 이신칭의와 거짓 복음

초대교회 최대의 논쟁점

"그리스도의 은혜로 너희를 부르신 이를 이같이 속히 떠나 다른 복음을 따르는 것을 내가 이상하게 여기노라 다른 복음은 없나니 다만 어떤 사람들이 너희를 교란하여 그리스도의 복음을 변하게 하려 함이라"(갈 1:6-7). 여기에 갈라디아 지역 교회들의 당시 상황이 고스란히 드러납니다. 예루살렘 등 외부로부터 들어온 유대주의자들이 갈라디아 성도들에게 하나님의 백성이 되고 싶거든 예수를 주님으로 고백하는 것만으로는 부족하다며 유대교의 관습들, 곧 율법 또한 지켜야 한다고 미혹했고, 이러한 잘못된 가르침에 많은 신자가 혼란스러워하던 모습입니다.

바울은 이런 혼란 중에 결국 율법의 굴레에 스스로 매이기 시작한 신자들을 가리켜 '다른 복음'을 따르는 것이라 책망하며 강하게 비판했고, 이러한 다른 복음을 전하는 자들은 그가 누구든 하나님께 저주를 받을 것이라고까지 말했습니다(갈 1:8). '다른 복음'이라 번역된 단어는 정확하게 표현하자면 '거짓 복음' 내지 '가짜 복음'이지요. 복음인 척하지만 사실은 복음이 아니라, 복음으로부터 오히려 신자를 멀어지게 만드는 사이비 복음입니다. 갈라디아의 교회들은 이러한 거짓 복음으로 인해 휘청거리고 있었고, 그들에게 복음을 전하여 교회를 세우도록 했던 사도인 바울은 이 위기를 타개하기 위해 매우 강력한 어조로 편지를 쓸 수밖에 없었던 것입니다.

당시 그리스-로마 세계에서 오고 가던 편지들에는 대개 그 서두에 수신자들을 향한 감사 내지 안부의 인사가 포함되어 있었습니다. 이는 일종의 관행으로, 대부분의 바울서신들 역시 마찬가지입니다. 그런데 놀랍게도 갈라디아서에는 감사의 인사가 생략되어 있습니다. 지금 편지를 쓰고 있는 바울의 심경이 어떠한지를 보여 주는 증거입니다. 바울은 갈라디아 지역의 신자들을 향한 감사의 인사조차 생략할 만큼 크게 격앙되어 있었습니다. 그들이 거짓 복음에 빠져 허우적거리고 있다는 정보로 인해 굉장히 분노했던 것이지요.

여기에 언급된 다른 복음, 곧 거짓 복음은 거칠게 정리하자면 '유대주의'(Judaism)입니다. 기독교가 처음 지중해 연안에 전파되고 교회들이 나타나기 시작한 가장 이른 시기부터 유대주의와의 대결과 갈등은 매우 다양하고 폭넓은 모양들로 이루어졌습니다. 사실상 초기 기독교 역사 속 가장 큰 논쟁 중 하나인 셈입니다. 유대주의란 예수님을 주님으로 고백하는 것뿐 아니라 당시 유대교가 수호하고 있던 그들 신앙의 여러 가지 표지들, 유대인으로서의 정체성을 드러내 주는 몇 가지 핵심 사항들을 지켜야만 구원받은 하나님의 백성이 될 수 있다는 사상입니다. 그리스도인이 되려거든 먼저 유대인이 되어야만 한다는 주장입니다.

하지만 당시에는 유대주의자들의 가르침이 매우 큰 힘을 얻었고, 심지어 기독교 공동체 안에서도 이것을 복음의 핵심으로 인정할 것인가, 말 것인가에 관해 첨예한 대립이 일어나고 있었습니다. 사도행전 15장에는 최초의 기독교 공회, 곧 예루살렘 공의회 이야기가 등장하는데, 이때 바울과 바나바가 베드로 및 야고보 등 예루살렘 교회 지도자들과 더불어 이 논쟁에 마침내 종지부를 찍게 됩니다. 이후로는 더 이상 이방인 회심자들에게 할례나 음식법 등을 지킬 것을 강요하지 않기로 교회 전체가 합의를 보게 되지요. 당시 기독교 공동체 전체에서 가장 높은 권위를 갖고 있었던 사도 야고보의 결정이 사도행전 15장 19-20절에 다음과 같이 기록되어 있습니다. "그러므로 내 의견에는 이방인 중에서 하나님께로 돌아오는 자들을 괴롭게 하지 말고 다만 우상의 더러운 것과 음행과 목매어 죽인 것과 피를 멀리하라고 편지하는 것이 옳으니."

이처럼 유대주의 논쟁은 초대교회에서 신앙의 본질을 두고 격론을 벌일 만큼 중대한 사안이었습니다. 바울이 갈라디아서에서 "율법으로는 의롭다 하심을 얻을 수 없다"고 말했을 때, 그 '율법'이란 구약의 모든 율법과 계명들이 아니라 바로 유대주의자들이 주장하던 몇 가지 요소들일 가능성이 높습니다. 할례, 음식법, 그리고 안식일 준수 전통이 대표적이지요. 예루살렘에서 올라온 자들은 바로 이 내용으로 갈라디아의 교회를 뒤흔들기 시작했습니다.

이들은 갈라디아 지역의 성도들에게 예수 그리스도만으로는 충분하지 않다고, 진정한 하나님의 백성이 되고 싶다면 할례도 받아야 하고, 부정한 음식들은 먹지 않는 음식법도 지켜야 하고, 안식일에는 그 어떤 일도 해서는 안 되는 유대인들의 안식일 준수 전통 역시 따라야 한다고 가르쳐 혼란을 주었습니다. 바울은 이에 대해 강력하게 반박하고 다시 한 번 갈라디아의 교회들을 복음의 바른 전통 위에 세우기 위해 이 서신을 썼던 것입니다.

공동체적 관점에서의 칭의

그렇다면 바울이 이야기하는 진정한 복음은 무엇일까요? 그것은 "오직 예수 그리스도"라는 선언입니다. 예수님이 우리의 복음입니다. 예수님 외에 그 어떤 것도 복음에 첨가할 수 없다는 것이, 사도 바울은 물론이고 당시 모든 기독교 교회 공동체의 지도자들이 공통적으로 합의했고 모든 성도가 함께 고백하던 신앙의 핵심이었습니다. 만약에 예수 그리스도 외에 다른 어떤 것이 필요하다면 그것은 이미 기독교가 아니라는 것이 바울의 가르침이었고, 모든 교회가 함께 고백한 내용이었던 것이지요.

여기서 우리는 다시 처음 질문으로 되돌아갑니다. "그렇다면 도대체 '오직 예수 그리스도'라는 말은 구체적으로 무슨 의미인가?"

많은 사람이 '오직 예수 그리스도'라는 말을 단순히 우리가 예수님을 믿는 행위라고 여깁니다. 지금까지 우리는 바울이 이야기하는 '율법'이 구약의 율법 전체를 가리킨다고 생각했고, 그러므로 예수 그리스도의 복음이란 율법의 그 어떤 행위도 배제한 채 그저 예수님을 구세주로 믿는 '믿음'이라고 여겼던 것이지요. 하지만 엄밀하게 이야기해서 '믿는 것' 역시 행위가 아닌가요? 신앙고백을 하는 것도 사실상 행위에 속하고요. 또한 누구보다 예수님이 자신은 율법을 폐하러 온 것이 아니라, 오히려 완전하게 하려는 것이라고 말씀하시지 않았습니까? **"내가 율법이나 선지자를 폐하러 온 줄로 생각하지 말라 폐하러 온 것이 아니요 완전하게 하려 함이라"**(마 5:17).

그러므로 바울이 이야기하고 있는 "오직 예수 그리스도" 혹은 "오직 믿음"이라는 선언은 단순히 우리가 모든 행위를 배제하고 그저 예수님만 믿는다고 입으로 고백한다거나 예수님의 존재에 대한 지적인 차원의 동의만은 아닙니다. 이 말은 당시 갈라디아 지역의 교회들이 겪고 있었던 시대적 상황에 비추어 그 의미를 추적해야 합니다. 이방인으로 태어나 예수 그리스도를 믿게된 사람들이 하나님의 백성으로 인정받게 되었다는 놀라운 소식, 곧 복음의 공동체적인 측면에서 말이지요.

그러므로 당시 갈라디아 지역 교회의 가장 주요한 이슈는 '교회론'이었습니다. 데살로니가의 성도들이 종말론 문제 앞에 서서 '다가올 마지막 날을 어떻게 기다리며 대비할 것인가'에 대해 고민하고 있었다면, 갈라디아의 성도들은 '어떻게 하나님의 백성이 될 수 있는가'라는 문제를 숙고했다는 뜻입니다.

그동안 많은 사람이 이신칭의라는 교리를 '구원론', 즉 '어떻게 구원받을 수 있는가'라는 측면에서만 이해했습니다. "내가 어떻게 구원받을 수 있을까?"라는 질문에 대한 답으로, 개인 구원의 방편으로 칭의라는 개념을 이해해 버린 것입니다. 하지만 이때 갈라디아의 성도들에게 있어서 이신칭의는 "우리가 어떻게 하나님의 백성이 될 수 있는가?", 곧 교회론의 차원으로, 더 쉽게 말해서 공동체적인 관점에서 논의되었던 교리였습니다. 바울은 그들에게 다른 그 무엇도 필요하지 않으며, 오직 예수 그리스도가 십자가에서 우리를 대속해 죽으셨다는 단 하나의 사실이 유대인과 이방인의 구분 없이 모든 신자를 하나님의 백성으로 만들어 준다고 가르쳤던 것입니다. 우리가 유대인이든 이방인이든, 흑인이든 백인이든, 가난한 자든 부요한 자든, 남성이든 여성이든, 주인이든 종이든 아무런 상관없이 예수 그리스도의 십자가 아래 마침내 한 몸이 되었다는 사실, 이것이 바로 바울이 선포한 '진짜 복음'인 것입니다!

그러므로 "오직 예수 그리스도"라는 선언, "오직 믿음"이라는 고백, "예수면 다다!" 등의 구호는 우리가 예수님을 어떻게 생각하는지에 대한 이야기가 아닙니다. 오히려 예수님이 우리를 향해 무슨 일을 하셨는가에 대한 이야기이지요. '오직 예수 그리스도'라는 말은 예수 그리스도가 십자가에서 우리를 대속하신 바로 그 사역만이 우리로 하여금 한 분 하나님의 백성이 되게 만든다는 뜻입니다. **"그리스도께서 하나님 곧 우리 아버지의 뜻을 따라 이 악한 세대에서 우리를 건지시려고 우리 죄를 대속하기 위하여 자기 몸을 주셨으니"**(갈 1:4).

바로 이것이 복음입니다! 우리가 하나님의 백성이 되기 위해 할례를 받거나 음식법을 지키거나 안식일을 철저하게 준수할 필요는 없습니다. 하나님의 백성으로 인정받기 위해 필요한 자격은 십일조를 잘하느냐, 못하느냐에 달린 것이 아닙니다. 우리가 하나님의 백성으로 살기 위해 필요한 미덕은 성경을 일 년에 몇 독 하느냐에 달린 것 또한 아닙니다. 어릴 적 배웠던 아동부 찬양 가사가 깜짝 놀랄 만큼 정확하게 이 진리를 가르쳐 줍니다. "돈으로도[힘으로도/벼슬로도/지식으로/어여뻐도/맘 착해도/(심지어 우리의 그 어떤 선행으로도)] 못 가요 하나님 나라." 바울은 설령 천사라 해도 다른 복음을 전한다면 하나님의 저주를 받을 것이라고 못 박아 선언했습니다(갈 1:8).

예수님은 십자가를 통해 인간을 다시 하나님과 화해하게 만드셨습니다. 더 나아가 십자가 아래 우리 모든 인간이 서로 화해하게 하셨습니다. 이전에는 인간이 하나님의 원수였으나, 십자가에서 우리는 하나님과 다시 교제를 누리게 되었습니다. 이전에는 우리 안에 유대인과 이방인의 구분이 있었고 자유인과 종의 구분이 있었으나, 그리스도 안에서 우리는 비로소 하나님의 백성, 곧 그리스도인이라는 하나의 이름과 정체성만을 갖게 되었습니다.

주님이 하나 되게 하신 것을 다시 나누려고 하는 모든 시도는 거짓 복음입니다. 적그리스도입니다! 오직 예수 그리스도의 십자가가 우리를 주님의 백성 되게 만들고, 인간으로 하여금 서로를 용납하고 하나 되게 만듭니다. 갈라디아 지역 교회의 성도들, 그리고 오늘날 우리는 이러한 복음의 진리를 절대로 포기해서는 안 됩니다. 이 진리를 잊어버리고 다른 무언가(할례나 음식법, 안식일 준수나 주일 성수, 십일조, 직분, 교회 봉사 연수, 재산의 많고 적음, 외모, 스펙 등)를 통해 신자의 정체성을 가지려고 시도하는 순간, 우리는 나른 복음을 따라가는 자가 되고 맙니다. 바울이 우려했던 그 저주를 받게 되는 것입니다.

■ 오직 예수, 하나님의 한 백성

오늘날 "오직 예수", "오직 믿음", "예수님 한 분으로 충분합니다" 등의 구호들은 대개 속 빈 강정처럼, 그저 울리는 꽹과리처럼 소비되고 있습니다. 많은 사람이 그런 구호들을 아주 익숙하고 친숙하게 사용하지만, 정작 그 의미를 깊이 생각하지 않고 남발할 때가 많습니다. 군중이 운집해 있는 주일예배나 집회의 자리에서 함께 힘을 모아 "오직 예수 그리스도!"라는 구호를 많이 외칠수록 우리는 뭔가 나 자신이 더 신실한 신앙인이 된 것처럼 느껴지고 감정적으로 고양되기도 합니다. 그렇게 우리는 어느새 예수님의 이름마저 우리의 종교적 열정을 위한 소비재로 이용하고 있는 것인지도 모르지요.

정말로 "오직 예수 그리스도밖에 없다"는 고백을 하고 싶다면, 그것이 그저 예수님의 존재에 대한 긍정이나 인정 차원에서의 지적 동의나 내 감정을 더 극단으로 몰아붙이고 고양하기 위한 종교적 구호에 머물러서는 안 됩니다. 예수 그리스도가 우리를 향해 베푸신 놀라운 일을 먼저 정확히 알고, 그 일이 지금도 내 삶을 이끄는 원동력이자 중심이라는 고백으로 드려야 합니다. 여기서 '그 일'은 바로 예수님의 십자가 사건, 당신 자신을 드려서 우리를 구속하신 예수 그리스도의 거룩한 자기희생과 사랑입니다. "오직 예수 그리스도"라는 고백은 사실 "오직 예수 그리스도의 십자가"라는 고백의 줄임말인 셈입니다.

유대주의자들은 할례를 통해 자신들을 거룩하게 구별했습니다. 그들은 음식법을 지킴으로써 하나님의 언약 안에 머물 수 있다고 착각했습니다. 안식일에 아무 일도 하지 않는 것이 하나님의 백성으로 사는 길이라고 오해했습니다. 하지만 무언가를 행함으로써 하나님의 구원을 얻을 수 있는 길은 없습니다. 우리가 무언가 지켜 낸다고 해서 그리스도의 제자가 되는 것이 아닙니다. 그런 것들은 아무리 좋아 보인다 해도, 위대해 보인다 해도, 심지어 필요해 보인다고 해도 예수 그리스도의 십자가 대속 사역보다 앞설 수 없는 것들입니다.

인간의 가장 아름다운 선행일지라도 십자가에 묻은 핏자국보다는 무가치합니다. 우리의 모든 봉사와 헌신과 연륜과 경험과 선의와 성숙함도 오직 예수 그리스도의 십자가 뒤를 따라갈 뿐입니다. 그 무엇도 예수님의 십자가를 대체할 수 없습니다. 이것이 바울이 갈라디아 성도들에게, 그리고 오늘날 우리에게 전하는 복음의 핵심입니다.

이러한 사실을 받아들인다면, 먼저 복음 안에서 우리가 하나라는 사실 또한 받아들여야 합니다. 유대인들처럼 할례 같은 표지를 통해 나를 다른 사람들과 구분하려는 시도가 교회 안에 존재해서는 안 됩니다. 직분이 우리의 등급을 나눌 수 없습니다. 제자훈련을 몇 단계까지 수료했느냐에 따라 신자로서의 중요성이 오르내리는 것이 아닙니다. 헌금을 많이 하는 사람과 적게 하는 사람, 찬양을 크게 하는 사람과 작게 하는 사람, 기도를 길게 하는 사람과 짧게 하는 사람 사이에 근본적으로 아무 차이가 없음을 겸손하게 인정해야 합니다. 우리 모두는 그저 오직 예수 그리스도 안에서 하나 된 백성의 일원일 뿐입니다.

예수님의 십자가를 통해 우리 안에 존재하던 할례와 음식법과 안식일법이 사라졌다는 것을 믿습니까? 유대인과 이방인의 구분이 사라졌고, 부자와 가난한 자의 구분이 복음 안에서 무의미해졌음을 믿습니까? 신앙의 연수나 직분의 유무가 우리 안에서 급을 나누는 기준이 절대 되지 못한다는 것을 인정합니까? 이 모든 것을 보증하는 "오직 예수 그리스도"를 고백합니까?

오직 예수 그리스도가 우리를 구원하셨고 모두를 하나님의 한 백성 되게 만드셨습니다. 오직 예수의 거룩한 이름과 그분의 십자가만이 죄인을 구원하며 하나님과 화목하게 합니다. 할례와 음식법과 안식일법에 스스로를 가둔 채 일그러진 선민의식에 빠져 살던 '유대인'이 아니라, 오직 예수 그리스도를 통해 복음 안에서 자유케 된 '그리스도인'으로 살아가는 우리 모두가 되어야 할 것입니다.

핵심 요약 ||||

- 갈라디아서의 주제는 "예수 그리스도 한 분으로 충분하다"
- 갈라디아서는 "우리가 어떻게 하나님의 백성이 될 수 있는가"에 대한 답변
- 갈라디아서에서 이신칭의 논의의 쟁점은 구원론과 교회론이 함께 존재
- 주님이 하나 되게 하신 것을 다시 나누려는 모든 시도는 거짓 복음
- 오직 예수 그리스도 = 오직 예수 그리스도의 십자가

핵심 단어 ||||

- 이신칭의, 유대주의, 구원론, 교회론, 다른 복음, 오직 예수

▌적용

1. 갈라디아서의 핵심 주제이기도 한 "오직 예수", "오직 믿음"이라는 바울의 외침은 바꿔 생각하면 예수 그리스도 외에 다른 무언가가 복음이며 구원의 조건이라는 주장이 갈라디아 지역의 교회에 침투하고 있었음을 알려 줍니다.

   오늘날 기독교에도 유대주의의 잔재들이 여전히 남아 있습니다. 특정한 신앙 행위, 직분, 교회 내의 입지 등으로 서로를 판단하고 신자의 등급을 나누는 행태들이 이에 해당합니다. 예수님 안에서 이미 한 몸이 된 교회의 지체들을 나만의 종교적 기준들로 섣불리 판단하고 정죄한 적은 없는지, 예수 그리스도를 향한 믿음 외에 다른 무언가를 신앙의 척도로 삼고 거기에 열정을 쏟은 적은 없는지 스스로를 돌아봅시다.

2. "오직 예수 그리스도"라는 고백은 예수 그리스도로 인해 구원받았다(칭의론)는 뜻뿐 아니라 누구든지 예수 그리스도 안에 있으면 차별 없이 교회의 하나 됨을 누릴 수 있다(교회론)는 의미이기도 합니다. 이처럼 예수 그리스도를 통해 주어진 하나님의 구원은 신자들의 공동체(교회)를 창조하는 공적인 차원으로 반드시 나아갑니다. 하나님의 은혜를 묵상할 때 "① 나를 구원하사 ② 우리로 교회 되게 하신 하나님"이라 고백하며 감사드리는 습관을 들여 보는 것은 어떨까요? 구원의 개인적 측면과 공동체적 측면 모두를 충만하게 누릴 수 있는 신앙 고백의 단계로 나아갑시다.

▌나눔

1. 지금까지 '오직 예수', '오직 믿음' 등의 말들을 어떻게 이해하고 사용해 왔나요? 이 책을 읽은 후 이해하는 데 변화가 일어났다면 구체적으로 무엇입니까? 앞으로는 이 말들을 어떤 의미로 사용하는 것이 더욱 적절할까요?

2. 바울 당시 유대주의자들이 내세웠던 '하나님의 백성임을 나타내는 표지'란 할례, 음식법, 엄격한 안식일 규례 준수 등이었습니다. 오늘날 교회 안에서도 예수님을 향한 믿음 외에 '하나님의 백성임을 나타내는 표지'처럼 여겨지는 것이 있다면 무엇일까요? 혹시 그런 요소들로 공동체 안에서 차별받거나 판단받았던 경험이 있습니까?

그리스도의 종,
바울

1:11-24

예수님이 십자가에 못 박혀 죽으심으로
우리가 함께 죽었고, 그분이 부활하심으로
우리가 함께 새 삶을 누린다는 것,
그렇게 그리스도가 내 안에 거하시는 것,
'그리스도로 인해 그리스도처럼 사는 사람이
된다는 것'이 바로 바울신학의 절정이지요.

■ 사람의 전통과 하나님의 마음

갈라디아서 본문 자체에 나타난 여러 정황들을 보면, 유대주의자들의 '다른 복음'이 상당한 파급력을 가지고 공동체를 휩쓸었던 것 같습니다. 그래서 사도 바울은 갈라디아 지역 교회의 성도들을 향해 자신이 전했던 복음을 적극적으로 변호하고 다시 한 번 강조할 필요성을 느꼈습니다. **"형제들아 내가 너희에게 알게 하노니 내가 전한 복음은 사람의 뜻을 따라 된 것이 아니니라 이는 내가 사람에게서 받은 것도 아니요 배운 것도 아니요 오직 예수 그리스도의 계시로 말미암은 것이라"**(갈 1:11-12).

바울은 갈라디아의 신자들에게 자신이 전한 복음은 지금 그들을 혼란과 염려에 빠뜨리고 있는 다른 복음과 달리, 사람의 뜻과 가르침이 아닌 예수 그리스도의 계시를 통해 하나님께로부터 받은 복음임을 강변했습니다. 그리고 이어서 누구보다 자신이 가장 열정적인 유대주의자였다는 과거를 밝혔습니다. **"내가 이전에 유대교인이었을 때 행했던 일들에 관해서는 당신들도 알고 있습니다. 나는 오히려 예수 공동체를 핍박했던 사람이었습니다. 내 동족들 중 누구보다 내가 극단적인 유대주의자였고, 내 조상으로부터 이어져 온 유대교의 전통을 사랑했던 사람입니다"**(갈 1:13-14, 저자 사역).

바울의 이런 고백은 이 편지를 받아 읽는 갈라디아 지역의 신자들을 설득하는 매우 훌륭한 연설입니다. 이 내용을 읽은 사람들은 누구라도 이렇게 반응할 수밖에 없기 때문이지요. '그래! 사실 바울이야말로 강성 유대주의자였지. 그랬던 바울이 우리에게 처음 복음을 전할 때는 할례나 음식법, 안식일 준수 따위를 강요하지 않았어. 그는 그저 예수 그리스도의 십자가 죽음과 부활에 대해 가르쳤고, 그것을 믿어 예수를 주님으로 고백하면 충분하다고 알려 줬지. 그게 복음이라고 했어!'

실은 사도 바울만 유대주의에 맞서 싸웠던 것은 아닙니다. 1세기 당시 유대교의 전통들은 너무 배타적이어서, 유대주의가 내세우는 조건에 반하는 사람들은 언제나 유대인들로부터 '원수'라 칭함을 받고, 심지어 지옥에 갈 존재로 취급받았습니다. 오늘날까지도 유대교 일각에서 그 명맥을 유지하고 있는 지독한 선민의식은 아주 오래전부터 존재해 온 셈이지요.

우리는 율법의 테두리 밖으로 밀려나 살아가던 가난하고 병든 자들, 죄인이라는 낙인이 찍혀 살아가던 세리와 창녀들의 편에서서 항상 잘못된 선민의식과 종교 지도자들의 횡포에 맞서 싸우신 어떤 분을 이미 알고 있습니다. 바울 이전에 그 지독한 유대주의에 맞서야 하셨던 이, 그분은 바로 예수님이십니다.

새로운, 그러나 가장 오래된 법

이어지는 14절에서 바울은 "내 조상의 전통에 대하여 더욱 열심이 있었으나"라고 고백했습니다. 여기서 그가 언급하고 있는 '조상의 전통'은 유대교의 규례들 중에서도 특히 경건한 랍비들에 의해 해석되고 적용되어 온 가르침, 이른바 '장로들의 유전'이라 불리는 것이었습니다. 마가복음 7장 3-4절에 이 표현이 나옵니다. "(바리새인들과 모든 유대인들은 장로들의 전통을 지키어 손을 잘 씻지 않고서는 음식을 먹지 아니하며 또 시장에서 돌아와서도 물을 뿌리지 않고서는 먹지 아니하며 그 외에도 여러 가지를 지키어 오는 것이 있으니 잔과 주발과 놋그릇을 씻음이러라)."

'장로들의 유전' 혹은 '장로들의 전통'이라 불리는 이 규례들은 구약 성경에 명시된 율법, 즉 '토라'(Torah)에는 해당하지 않는 항목들입니다. 장로들의 유전(전통)은 말 그대로 유대 사회의 장로들(오늘날 교회의 장로와는 전혀 다른), 유대 공동체의 지도자나 선생들에 의해 만들어진 규범들입니다. 유대인들은 우리에게도 익숙한 율법들, 곧 구약 성경에 기록된 성문법 조항들 외에 그늘이 구전으로 이어 온 여러 가지 규례들을 갖고 있었는데, 이것을 장로들의 유전이라 불렀지요.

이것은 어떤 면에서 긍정적인 기능도 갖고 있었습니다. 살아 계신 하나님의 말씀이지만 동시에 고대 문서들 중 하나인 성경을 오늘날 우리 현대인들의 삶에 적용하려면 해석과 연구 등의 복잡한 과정을 거쳐야 하는 것처럼, 오래전 주어진 율법 조항들만으로는 당시 유대인들이 일상에서 마주하는 복잡한 상황들에 적절히 대응하고 판단하기가 쉽지 않은 어려움이 있었지요. 그래서 유대인들은 본래의 율법을 해석하고 적용하는 과정에서 매우 상세하고 구체적인 규례를 만들어 간 것입니다. 그것이 이른바 장로들의 유전이 됐고요. 예를 들자면, 정결을 지키기 위해 식사 전에 손을 씻는다든지, 안식일에는 자신이 앉은 자리를 들고 몇 미터 이상 움직이면 안 된다는 등 세세한 항목들입니다.

하지만 결국 이러한 규정들은 하나님이 주신 율법의 참된 의미를 왜곡할 위험이 높지요. 율법을 통해 사랑과 긍휼이 넘치는 나라를 만들고자 하신 하나님의 본래 뜻이 아니라, 율법을 기준 삼아 종교적으로 탁월한 사람과 그렇지 못한 사람을 나누는 데 오용될 수 있으니까요.

아니나 다를까, 예수님이 안식일에 한쪽 손 마른 사람을 고쳐 주셨을 때 그 주변에 있던 바리새인들이 보인 반응은 감사가 아니라, 오히려 그분을 향한 격렬한 분노와 증오였습니다(마 12:9-14; 막 3:1-6; 눅 6:6-11). 안식일에는 자신이 앉아 있던 자리를 들고 걸어가지 않는 것이 중요한 '전통'이었는데, 그것을 예수님이 어기도록 만드셨기 때문입니다. 하지만 예수님은 안식일을 포함한 모든 율법이 인간을 옭아매는 비인격적인 규정이 아니라, 오히려 인간에게 자유와 해방을 누리게 해 주는 하나님의 선물이라고 선포하셨지요. **"내가 율법이나 선지자를 폐하러 온 줄로 생각하지 말라 폐하러 온 것이 아니요 완전하게 하려 함이라"**(마 5:17).

예수님의 복음은 율법을 반대하거나 폐기하는 대척점이 아니라, 오히려 율법을 가장 아름답고 완전하게 실현한 단계였습니다. 하나님의 사랑과 자비가 유대인들의 선민사상에 갇혀서는 안된다는 사실을 주님은 가르치셨습니다. 유대인들이 오해하고 왜곡했던 율법을, 그저 종교적인 규율과 배타적인 민족주의로 전락시켜 버린 소중한 법들을 하나님의 아들이신 예수 그리스도는 온전한 하나님 나라의 법으로, 구원과 자유와 해방을 가져오는 참된 진리의 법으로 재해석하셨습니다.

예수님의 가르침은 바리새인과 서기관들이 도무지 받아들일 수 없는 급진적인 주장, 새로운 가르침처럼 보였습니다. 하지만 실상은 주님의 말씀들이야말로 가장 오래된 가르침, 하나님이 모세에게 주셨던 두 돌 판에 새겨진 율법의 본질이자 정신 그 자체였습니다. 장로들의 전통은 시대적 상황에 맞춰 율법을 해석하고 적용한다는 명목 아래 만들어졌지만, 오히려 율법에 담겨 있는 하나님 나라의 정신을 왜곡하고 파괴했습니다. 사랑의 법을 증오와 차별의 법으로 바꿔 버린 것, 그것이 바로 할례와 음식법과 안식일을 지킴으로써 유대인이 되고 그 유대인들만 하나님의 백성이 된다는 유대주의의 거짓 복음이었던 것입니다.

내 안에 사시는 '종말의 그리스도'

갈라디아 지역의 교회에 퍼진 이 거짓 복음, 다른 복음과 맞서는 사도 바울의 싸움은 그가 시작한 것이 아니라, 바로 예수 그리스도가 시작하신 싸움이었습니다. 바울은 다메섹으로 가는 길에서 처음 주님을 뵈었을 때 자신이 그토록 열광하며 사랑했던 유대주의가 하나님의 복음이 아니라는 사실을 깨닫게 되었습니다. 홀연히 하늘로부터 내려와 자신을 둘러싼 그 밝은 빛 속에서 **"사울아 사울아 네가 어찌하여 나를 박해하느냐"**(행 9:4)라는 주님의 음성을 들었을 때 바울은 비로소 자신이 하나님 나라를 위해 싸우는 사람이 아니라, 오히려 그 나라를 대적하고 있음을 알게 된 것이지요.

이 사건은 바울의 삶을 송두리째 뒤집어 놓았습니다. 그리스도인들을 향한 미움과 증오를 삶의 자양분 삼아서 그들을 잡아 넘기고 죽이는 것을 자신의 사명이라 생각하며 살아온 '사울'은 이제 그 그리스도인들을 위한 사도, '바울'이 되었습니다. 바울은 예수 그리스도를 만난 이 사건을 가리켜 다음과 같이 표현했습니다. **"그러나 내 어머니의 태로부터 나를 택정하시고 그의 은혜로 나를 부르신 이가 그의 아들을 이방에 전하기 위하여 그를 내 속에 나타내시기를 기뻐하셨을 때에 내가 곧 혈육과 의논하지 아니하고"**(갈 1:15-16).

이 구절은 놀라운 내용을 담고 있습니다. 바울은 자신이 다메섹 도상에서 예수 그리스도를 만난 사건이 어머니의 태로부터 하나님의 선택하심으로 이루어진 선재적 은혜라고 먼저 고백했습니다. 그리고 이어서 자신이 하나님의 선택을 받은 목적이 바로 예수 그리스도를 이방에 전하기 위해서라고 말했습니다. 성경에는 무수히 많은 역설 사례들이 존재하지만, 그중에서도 바울이 소명을 받은 이 일은 단연코 압권이지요. 오직 유대인만 하나님의 백성이라는 사실을 믿어 의심치 않았고, 그 신념으로 그리스도인들을 박해하던 그가 이제는 이방인을 위한 사도로 살게 된 것입니다.

그런데 여기서 바울은 '그를 내 속에 나타내시기를'이라는 아주 특별한 표현을 사용합니다. 1강에서 살펴보았듯이, 갈라디아서의 전체 내용을 단 한 구절로 요약한다면 갈라디아서 2장 20절이라고 할 수 있습니다. **"내가 그리스도와 함께 십자가에 못 박혔나니 그런즉 이제는 내가 사는 것이 아니요 오직 내 안에 그리스도께서 사시는 것이라 이제 내가 육체 가운데 사는 것은 나를 사랑하사 나를 위하여 자기 자신을 버리신 하나님의 아들을 믿는 믿음 안에서 사는 것이라."**

이 말씀은 '종말의 그리스도'가 우리 신자들 '안에' 거하신다는 내용입니다. 예수님이 십자가에 못 박혀 죽으심으로 우리가 함께 죽었고, 그분이 부활하심으로 우리가 함께 새 삶을 누린다는 것, 그렇게 그리스도가 내 안에 거하시는 것, '그리스도로 인해 그리스도처럼 사는 사람이 된다는 것'이 바로 바울신학의 절정이지요. '내 안에 사시는 그리스도'라는 기가 막힌 표현이 본문 16절에서 바울 자신에게 먼저 사용되었습니다.

하나님은 그리스도를 바울 속에 나타내시기를 기뻐하셨습니다. 바울은 다메섹 도상에서 예수님을 만나면서 그분이 단순히 지식으로만 알 수 있는 분이 아니라, 온전히 자신의 삶을 주관하는 주님이 되셨다는 사실, 자신의 모든 생각과 말과 행동마저 완벽하게 통제하는 '왕'이 되셨다는 사실을 고백한 것입니다.

이전에 바울은 유대주의자로서, 조상들의 전통을 지키는 것이 하나님의 백성으로 살아가는 유일한 구원의 길이라 믿었습니다. 훌륭한 랍비들이 율법을 더 세밀하게 분석하고 해석하고 적용한 내용들을 철석같이 준수하는 것이야말로 하나님이 기뻐하시는 삶이라 착각했습니다. 그의 삶은 모든 순간이 조상들의 전통, 곧 사람들이 만들어 낸 종교적 규범들에 매여 끊임없이 그것을 어기지는 않았나 확인하고 또 확인하는 과정의 연속이었습니다.

하지만 그는 예수님을 만나자 진리 안에서 온전한 자유를 누리게 되었습니다. 그는 혈육과도 의논하지 않았고, 심지어 먼저 사도 된 이들과 만나 자신이 새롭게 알게 된 이 복음이 정말 맞는지 확인할 필요조차도 느끼지 못했습니다. 그는 예수 그리스도 안에서 얻은 새롭고도 완전한 자유로 아라비아에서 오랜 시간을 보내고 돌아왔습니다.

어떤 이들은 이때 바울이 새롭게 깨달은 그리스도의 복음을 아라비아에 위치한 나바테아 왕국(오늘날의 요르단)에 전하고 왔다고 주장하기도 합니다. 그런데 이것은 구약에서부터 하나님이 발탁하신 인물들이 공통적으로 갖는 시간, 곧 '광야 체험'을 암시하는 것이 아닐까 합니다. 바울은 모세와 수많은 선지자가 그랬듯, 광야에서 하나님의 뜻 앞에 완전히 자신을 쳐 복종시키는 시간을 보냈을 것입니다. 그러고는 돌아와서 인간의 죄성과 사망의 권세에 대항해 예수 그리스도의 온전한 복음을 전하기 시작한 것이지요.

과연 우리는 사도 바울이 전한 복음의 진리를 잘 지키며 그 진리를 따라서 살고 있을까요? 오늘날 우리 개신교는 과연 바울이 가르쳐 준 복음에 입각하여 그리스도의 십자가가 모든 증오와 미움의 장벽들을 허물었음을 인정하고 있는 것일까요? 예수님이 온 세상의 주님이심을 믿음으로 고백하면 누구든지 그분의 백성이 될 수 있다는 사실을 우리 스스로 믿고 있는 것일까요? 아니면 새로운 바리새인들이 되어서 주일 성수와 십일조와 신앙의 연수와 교단 및 교파와 몇 가지 신비한 은사 등으로 우리의 정체성을 규정하고, 이런 '조상들의 전통'을 따르지 않는 모든 사람은 하나님의 자녀가 될 수 없다는 지독한 배타주의에 빠져 다시 한 번 세상을 유대인과 이방인으로 나누고 있는 것은 아닐까요?

■ 그리스도의 종, 바울

새로운, 그러나 하나 되게 하는 법

이제 사도 바울은 갈라디아 지역의 신자들에게, 아라비아에서 다메섹으로 돌아온 후 자신이 보낸 여정들에 관해 말해 줍니다(갈 1:18-20). 그는 3년의 시간이 지나고 나서 예루살렘으로 가서 게바, 곧 사도 베드로를 만나 15일간 머물렀고, 그 기간 동안 사도 야고보 역시 만났습니다. 많은 학자가 아마 이때 사도 바울이 베드로와 야고보를 통해 하나님이 주신 소명을 재확인하고, 다메섹 도상에서 천상의 어전회의(구약 성경, 특히 선지서의 전통과 연관되어 있는, 인간이 하나님을 대면할 때의 방식, 사 6장 참조) 형식으로 주님을 만났던 자신과 달리 인간으로 이 땅을 사셨던 예수님의 여정에 직접 동참했던 그들의 이야기를 들으며 자신이 받은 복음에 대해 재차 확신했으리라 추정합니다.

이러한 일련의 과정을 거치며 바울은 초대교회의 다른 사도들이 전하고 있는 복음의 내용과 자신이 전하고 있는 복음이 결코 다르지 않다는 것을 확신하게 되었고, 더욱 강한 열정과 신실함으로 이방인들을 향한 선교 사역에 매진할 수 있게 된 것이지요.

처음에 바울은 다메섹 도상에서 예수 그리스도를 만나 복음의 진리를 깨달은 후, 혈육과 의논하지도 않았고 먼저 사도 된 이들을 만날 필요도 느끼지 못했습니다. 그렇다면 3년 후 그는 복음의 확신을 조금이라도 잃어버렸기에 그 진위 여부를 확인하고자 베드로와 야고보를 만난 것일까요? 그렇지 않을 것입니다. 오히려 이 일은 사도 바울이 더욱 깊은 복음의 경지로 들어가면서 영적으로 더 성숙해지고, 따라서 겸손해졌기에 일어난 행동이었을 테지요. 복음은 새롭지만 동시에 가장 오래된 것이기도 하고, 또한 이전에 원수였던 우리를 사랑과 용서로 하나 되게 만드는 하나님의 능력이기도 하기 때문입니다.

바울은 예루살렘에서 베드로와 야고보를 만나서 자신의 지난 행적들, 박해자로서의 삶에 대해 사과하고, 자신이 알게 된 복음의 내용들을 그들과 나누며 행여 자신이 이전의 관습들이나 편견으로 인해 복음을 조금이라도 왜곡하거나 훼손한 부분이 있는지 다른 사도들을 통해 '점검'하고자 했던 것 같습니다. 그는 자신이 하나님의 부르심을 받아 세워진 이방인을 위한 사도라 할지라도, 자신은 하나님이 아니며 그저 그분의 도구임을 겸손하게 인정한 것이지요. 자신의 아집이나 편견으로 인해 자신이 전해야 하는 그리스도의 복음에 조금이라도 오해가 일어나면 안 되기에, 바울은 예수님과 누구보다 가까이 있었던 사도들을 만나 그들의 이야기를 듣고 다시 한 번 복음의 진리를 깊이 되새겼을 것입니다.

바울서신들을 읽다 보면 다메섹 도상에서의 신비 체험 외에는 실제로 예수님을 만나 본 적 없는 바울이 그분의 가르침들을 마치 직접 들은 것처럼 생생하게 인용하는 구절들을 발견하게 됩니다. 이것은 아마도 그가 베드로와 야고보를 통해 배운 내용일 것입니다. 바울은 겸손하게 다른 사도들과 교류함으로써 복음을 더욱 깊고 폭넓게 이해하게 되었고, 이는 그리스도의 종으로서 바울의 사역에 큰 장점이 되어 주었으리라 쉽게 예상할 수 있습니다. 바울은 복음 안에서 이전에 자신이 미워하고 증오했던 이들과 한 형제가 되고, 그들을 통해 자신의 부족함을 채워 가는 넉넉한 사람이 된 것입니다.

나를 통해 드러나는 그리스도의 영광

본문 21-24절은 바울이 예루살렘 방문 이후 수리아와 길리기아 지방을 지나면서 그 지역에 있는 그리스도인 공동체들을 방문한 일을 기록하고 있습니다. **"그리스도 안에 있는 유대의 교회들"**(갈 1:22)이라는 구절은 초대교회들이 처음에는 각 지방마다 존재하는 유대인들의 회당에서 모임을 가졌음을 알려 주는 표현입니다.

초대교회들의 구성원 다수는 이방인들로 이루어져 있었지만, 그 출발은 구약 성경의 말씀을 읽고 나누는 유대인들의 회당에서 시작된 경우가 꽤 있었지요. 어떤 이들은 유대교와 기독교 신앙을 혼동하기도 했고, 또 유대교로 귀의한 후에 예수 그리스도를 영접하는 일도 있었습니다. 기독교의 가장 이른 시기에는 이처럼 유대교와의 혼동 혹은 연동 사례가 많았습니다. 그래서 유대주의자들이 갈라디아 지역의 교회에 침투해 그들의 가르침으로 성도들을 미혹하는 일 역시 매우 손쉽게 이루어졌던 것입니다.

수리아와 길리기아 지방의 교회들은 바울을 실제로 본 적은 없었지만, 이전에 박해자였던 그의 명성은 익히 들어 알고 있었습니다. 그런 그들 앞에 나타난 바울은 오히려 박해자가 아니라 그 복음을 전하는 사도가 되어 있었습니다. 그리고 그런 바울의 모습과 고백을 듣고 본 수리아와 길리기아의 성도들은 하나님께 영광을 돌렸지요. 이전에 강력한 핍박자였던 바울을 오히려 이방인을 위한 사도로 세우신 하나님의 놀라운 계획에 감탄하고, 변화한 바울의 삶을 보면서 감사의 찬송을 드린 것입니다.

이처럼 복음에 사로잡힌 사람의 삶은 그 자체로 놀라운 신앙의 고백이 될 수 있습니다. 사도 바울처럼 극단적인 박해자가 아니었던 사람이라 할지라도, 이전까지의 가치관과 악한 성품과 태도를 버리고 십자가의 예수 그리스도를 닮아 가는 과정만으로도 그리스도 안에서 형제와 자매들은 물론이고, 주님을 믿지 않는 사람들에게서도 칭찬과 감탄을 불러일으킬 수 있지요. 바울은 이전에 그가 증오했던 예수 그리스도의 복음에 완전히 사로잡힌 사람이 되었습니다. 그의 변화된 삶은 많은 사람으로 하여금 하나님께 영광을 돌리게 만들었습니다.

우리는 어떻습니까? 우리가 그리스도인이라는 사실을 우리 신앙의 형제자매들은 어떻게 확신할 수 있고, 교회 밖 사람들은 어떻게 식별할 수 있습니까? 주일날 옆구리에 끼고 있는 성경책을 통해 사람들이 우리를 그리스도인으로 구별합니까, 아니면 가정과 직장과 학교에서 궂은일을 도맡아 하며 항상 약한 사람들을 환대하고 사랑을 실천하는 우리의 삶을 통해 우리를 그리스도인으로 알아봅니까? 교회 밖 사람들이 우리의 말과 행동을 보며 하나님께 영광을 돌렸던 경험이 있습니까, 아니면 혹시 교회 안에 있는 형제자매들마저 우리를 보며 하나님께 감사하기는커녕 혀를 차고 마는 것은 아닙니까?

바울의 지난 행적과 삶을 통해 결국 우리가 본문의 말미에서 깨닫게 되는 진리가 하나 있습니다. 그것은 하나님의 백성, 예수 그리스도의 종이 된다는 것은 결코 어떤 종교적인 표지들을 통해서가 아니라는 사실입니다. 유대주의자들은 조상들의 전통, 할례와 음식법, 안식일 규례 준수를 통해 자신들이 하나님의 백성임을 확인했고, 그런 방법들을 통해 구원에 이를 수 있다고 주장했습니다. 하지만 변화된 바울의 삶은, 복음이 들어간 이후 그의 삶은 그 자체로 아무런 가시적인 표지가 없어도 충분히 하나님의 백성으로서 그분께 영광 돌리는 것이 가능함을 우리에게 보여 줍니다. 바울은 그 이야기를 하고자 갈라디아 지역의 성도들에게 자신의 지난 행적들을 다시금 들려준 것이지요.

■ 그리스도의 종이 된다는 의미

1강 본문 마지막 구절인 갈라디아서 1장 10절에서 바울은 자기 자신을 '그리스도의 종'이라고 표현했습니다. 그리고 이어서 자신이 그리스도의 종이 된 과정과 연유에 대해서, 그리스도의 종으로 존재하는 방식에 대해서 설명해 줍니다. 먼저는 그가 유대주의자들의 전통과 율법주의를 더 이상 따르지 않고, 오히려 자신의 과거를 부정하는 새로운 삶, 온전히 그리스도께 붙들린 삶이 된 과정을 통해서 그리스도의 종이 되었음을 보여 줍니다. 그리고 그 과정 중에 바울로 인해 예수 그리스도와 하나님 아버지께서 영광을 받으시는 모습을 제시함으로써 그리스도의 종이란 어떤 존재인지를 드러내고 있지요.

바울은 자기 자신처럼, 갈라디아 지역 교회의 성도들 역시 그리스도의 종으로 살기를 소망하며 이 편지를 썼습니다. 유대주의자들의 거짓 복음에 속아 그저 종교적 유대인이 되기를 원하는 것이 아니라, 인간이 만들어 낸 모든 불필요한 관습과 종교적인 억압들로부터 자유하는 오직 주 예수 그리스도의 복음만으로 충분하고 또 충만한 믿음의 공동체가 되기를 기대하며, 그들을 경책하고 설득하기 위해 편지를 쓴 것이지요. 하나님은 바울 속에 그리스도가 나타나 살게 하심으로 그를 당신의 종으로 삼으셨고, 이제 갈라디아 지역 교회 공동체의 모든 신자 역시 그렇게 그리스도와 더불어 살며 그분의 종이 되는 비전을 바울은 꿈꾼 것입니다.

우리는 흔히 '종'이라는 단어에 부정적인 편견을 갖고 있습니다. 근대적 노예의 이미지가 쉽게 떠오르기 때문이지요. 하지만 바울이 이 서신을 쓰던 역사적 시점, 곧 주후 1세기 그리스-로마 세계에서는 종이 가진 사회적 위치가 그 주인이 누구냐에 따라 천차만별이었습니다. 주인의 지위와 명예가 낮으면 그에게 속한 종 역시 다른 곳에서 매우 하찮은 취급을 받기 일쑤였고, 반대로 주인이 사회적으로 꽤 높은 지위와 명망을 지닌 사람이라면 그의 종이라 할지라도 매우 귀한 대우를 받았다는 것이지요.

로마의 높은 귀족들은 그들의 자녀를 그리스 노예에게 맡겨 교육시키는 경우가 많았습니다. 그리스에서 온 이 같은 학문 노예들은 자신이 가르친 귀족 자제가 성장한 후에 종의 지위에서 해방되어 자유인이 되거나 혹은 그 귀족 가문의 매우 중요한 인물로서 후하게 대접받으며 남은 평생을 보내기도 했습니다.

때때로 종이 주인의 명령을 전달하는 사자(使者), 곧 메신저의 역할을 수행하는 경우도 있었는데, 이럴 때는 비록 종이라 해도 그 메시지를 전달받는 사람들이 절대 함부로 그를 대할 수 없었습니다. 주인의 대리인이기에, 그 주인의 권위와 명령을 대리 수행하는 존재로 취급된 것이지요. 주인의 지위에 따라 종 역시 좋은 대우를 받았는데, 그 정점은 로마 황제의 종들이었습니다. 그들은 종인데도 불구하고 매우 많은 자산을 가졌으며, 고관대작들이라 해도 함부로 건드리지 못하는 존귀한 존재로 대접받곤 했지요.

바울이 자신을 그리스도의 종으로 소개하는 것은 이러한 맥락에서 이해해야 합니다. 그는 자신의 존재를 하나님 앞에서는 먼지보다 하찮게 여겼지만, 자신이 예수 그리스도의 복음을 전하는 사명을 지니고 있다는 점에서는 그 누구보다 권위 있는 사람이라고 주장하기도 했습니다. 사도 바울은 그리스도의 종으로서 단순히 지위가 낮은 비천한 존재가 아니라, 자신의 주인이신 예수 그리스도를 대변하고 증언하는 존재로 세상과 교회 앞에 섰던 것이지요.

바울의 사례에서 볼 수 있듯이, 그리스도의 종이라는 호칭은 그가 먼저 자신을 통해 그리스도께 찬송과 영광을 돌려 드리는 사람임을 의미합니다. 수리아와 길리기아의 성도들이 바울로 말미암아 하나님께 영광을 돌렸듯이 말입니다. 또한 그리스도의 종이란 그를 통해 주인이신 그리스도의 존재와 성품이 명확하게 증거되는 사람이라는 뜻이기도 합니다. 바울이 예수님의 사역과 뜻을 계승해서 유대주의자들의 거짓 복음에 대항해 십자가와 부활의 진짜 복음을 전한 것처럼요.

이제 우리가 그리스도의 종으로서 세상과 교회 앞에, 그리고 하나님 앞에 설 수 있기를 소원합니다. 그리스도의 종으로 산다는 증거는 유대주의의 함정에 빠져서 무언가 가시적인 표지를 내세우고 종교적인 책무들을 이행하는 것으로 나타나지 않습니다. 주일날 정장을 빼입고 옆구리에는 성경책을 낀 채 교회에 오지 않아도, 우리의 생각과 말과 행동을 통해 그리스도의 향기가 드러나고 그분의 메시지가 자연스레 우러나올 때 바울처럼 그리스도의 참된 종으로 살아갈 수 있습니다. 누군가 내 삶을 보며 하나님의 살아 계심을 인정하게 될 때, 혹은 형제자매들이 나를 통해 하나님께 감사와 찬송을 올려 드리게 될 때 비로소 신자는 자신이 그리스도의 종으로 존재하고 있음을 스스로 확인할 수 있는 것이지요.

오늘날 많은 교회가 점점 문턱을 높이고 이런저런 종교적 관습들과 조상들의 전통을 내세워 교인들 사이에도 벽과 담을 세우곤 합니다. 할례와 음식법과 안식일 규례의 그림자가 여전히 교회들 가운데 짙게 드리우고 있습니다. 하지만 우리는 오직 예수 그리스도의 계시로 말미암아 그리스도의 종으로 살아가는 복된 인생을 누릴 수 있기를 바랍니다. 그리스도가 우리 안에 나타나심으로 우리가 그분의 선하고 부지런한 종으로 인정받는 기쁨이 우리 안에 충만하기를 기도합니다.

▌핵심 요약 ▕▏▏

• 예수는 율법을 온전한 하나님 나라의 법, 참된 진리의 법으로 재해석
• 바울신학의 절정, '그리스도로 인해 그리스도처럼 사는 사람이 된다!'
• 그리스도의 종은 자신을 통해 그리스도께 영광 돌리는 존재
• 그리스도의 종은 주인이신 그리스도를 대변하는 존재

▌핵심 단어 ▕▏▏

• 선민의식, 조상의 전통(장로들의 유전), 이방인을 위한 사도, 그리스도의 종

적용과 나눔

▎ 적용

1. 바울은 유대교 조상들의 전통을 매우 열심히 지켰지만 다메섹 도상에서 예수님을 만난 후 그 모든 것이 복음의 핵심이 아님을 깨달았습니다. 모든 전통이 잘못된 것은 결코 아닙니다. 모든 전통을 폐기해야 한다는 주장도 너무 극단적입니다. 하지만 우리가 비판 없이 그저 수용해 온 여러 신앙의 '전통'들이 정말 복음의 정신과 핵심에 부합하는 '정통'인지는 수시로 돌아보고 수정해 가야 합니다.

   내가 속해 있는 신학적 전통 내지는 교회의 전통 가운데 장로들의 유전과 같은 요소는 없는지 면밀히 확인해 봅시다. 또한 이 확인 작업을 원활하게 수행하기 위해 먼저 내가 속해 있는 전통에 대해서 차근차근 알아봅시다.

2. 사도 바울이 예전에 박해자로 그 악명을 높이 쌓았던 만큼, 그가 주님을 만나고 복음에 사로잡힌 전도자가 된 사건은 교회가 실제로 목격하고 체험한 하나님의 큰 영광이 되었습니다.

   나의 회심과 신자 됨에는 이런 놀라움과 감동이 있는지 돌아봅시다. 내가 그리스도인으로 살아가는 모습을 보며 교회 안팎의 이웃들이 하나님의 이름을 인정하고 높이는 일이 일어나고 있는지, 아니면 주님을 믿기 전과 후에 아무런 변화도, 감동도 없는 삶을 살고 있지는 않은지 생각해 봅시다. 죄의 노예에서 그리스도의 종으로 바뀐 내 삶이 과연 복음의 영향력을 발휘하고 있는지 정직하게 반성해 봅시다.

▌나눔

1. 주님을 만난 후 일어난 극적인 변화로 인해 모든 사람에게 놀라움을 선사하고 교회로 하여금 하나님의 살아 계심을 찬송하게 만든, 마치 바울과 같은 사람이 주변에 있습니까?

2. 십자가 목걸이 같은 뭔가 특별한 가시적 표지들 대신, 눈에는 잘 띄지 않지만 자연스레 그리스도의 향기를 내뿜는 방법이 있을까요? 사람들로 하여금 '저 사람은 하나님을 경외하는 참 그리스도인이야'라는 인정을 받으면서, 나를 통해 믿지 않는 사람들이 하나님을 경외하도록 만들려면 어떻게 해야 할까요?

친교의
악수를
나누기까지

2:1-10

바울은 이방인 선교를
예루살렘 교회에도 충분히 소개함으로써
앞으로 계속 확장되어 갈 복음 전도의 사역이
유대인과 이방인의 분열이나 반목으로
발전하지 않게 만들려 했습니다.
예루살렘 교회 지도자들 및 다른 사도들과
'복음을 위한 연합'을 구축하려 한 것입니다.

■ 예루살렘 방문과 복음의 진리

'갈라디아'는 어디인가?

이제 바울은 2강 본문에서 그가 회상했던 일들로부터 14년이 지난 이후에 있었던 사건, 즉 바나바와 함께 디도를 데리고 예루살렘을 방문한 일에 관해 이야기합니다. 사실 우리처럼 평범한 신자들은 이 이야기가 정확히 언제 일어난 사건인지에 대해서 너무 깊이 알 필요 없이, 그저 다루고 있는 의의와 교훈에만 초점을 맞추고 본문을 읽어도 무방합니다. 하지만 학자들 사이에서는 이 본문이 기술하고 있는 사건이 언제 일어났는지를 파악하는 것이 아주 중요한, 수 세기 전부터 첨예하게 논쟁거리로 자리하고 있는 신학적 이슈지요. 왜냐하면 본문에 나온 예루살렘 방문 사건을 사도행전 11장 27-30절에 나오는 연보 전달로 볼 것인지, 아니면 사도행전 15장에 기록되어 있는 주요한 사건인 사도들의 만남, 곧 예루살렘 공의회로 볼 것인지에 따라 이 서신의 수신자들, 그리고 작성 시기가 크게 달라질 수 있기 때문입니다.

사실 우리는 갈라디아서를 읽을 때 '갈라디아'라는 명칭이 정확히 무엇을 가리키는지 크게 신경 쓰지 않습니다. 하지만 갈라디아를 무슨 개념으로 이해하는지는 생각보다 중요합니다. 바울 당시에는 갈라디아라는 단어가 로마의 속주로서 하나의 행정구역을 가리키는 말로도 사용되었고, 또 갈라디아 사람들을 가리키는 인종적인 구분을 위해서도 사용되었기 때문입니다. 바울이 말하는 갈라디아가 행정적인 대상인지, 아니면 인종적인 대상인지에 따라 이 편지의 수신자들이 달라진다는 것이지요.

| 갈라디아 북부와 남부 지역 |

기독교 역사 초기 인물들인 교부들로부터 종교개혁 시기의 신학자들에 이르기까지, 많은 연구가는 바울이 보낸 이 편지의 수신자들이 로마의 행정구역으로서의 갈라디아에 거주하는 신자들이라 여겼습니다. 갈라디아라는 말은 본래 '갈리아'라는 단어에서 유래했습니다. 로마 제국 시대에 서유럽에 넓게 퍼져 살던 사람들을 '갈리아' 혹은 '켈트'나 '골'이라 불렀고, 그들이 동쪽으로 대거 이동하다가 에게해를 건너 소아시아 지방, 즉 오늘날의 튀르키예 땅에 자리 잡게 되면서 생긴 이름이었지요.

　로마는 지중해 동부로 세력을 확장하던 중 서쪽에서 온 갈리아인들의 나라를 결국 속주로 편입하게 되고, 그 과정에서 중부 소아시아 지역을 중심으로 갈라디아라는 행정구역을 만들게 됩니다. 사도행전 16장 6절과 18장 23절에는 사도 바울이 브루기아와 갈라디아 땅으로 다녀갔다는 기록이 있는데, 이 지역이 바로 갈라디아라는 로마의 행정구역에 해당합니다. 갈라디아서는 아마도 로마의 행정구역으로서의 갈라디아 지역을 향해 쓰였을 것이라고 보는 입장이 오래전부터 많은 사람이 지지해 온, 이른바 '북갈라디아설'이지요.

| 갈라디아서의 배경은 어디일까? |

반면 바울은 사도행전의 저자인 누가와 달리 행정적인 이름을 사용하지 않았고, 이 편지가 향하는 대상이 바로 '사람들'이기에 보다 인종적인 구분으로서 갈라디아 사람들을 향해 기록했을 것이라 보는 입장도 있습니다. 지도에 있는 소아시아 중부가 아니라 남부, 곧 바울이 핍박을 받아 가며 매우 열정적으로 복음을 전했던 비시디아 안디옥이나 이고니온, 루스드라, 더베 등의 성에 거주하는 신자들을 향해 이 편지를 썼다고 주장하는 것이지요. 이것을 '남갈라디아설'이라 합니다.

현대의 학자들은 대체적으로 북갈라디아설을 지지하지만, 남갈라디아설을 지지하는 사람들 역시 꽤 많습니다. 저희는 남갈라디아설, 즉 바울이 소아시아 남부 지역의 도시에 거주하는 신자들을 대상으로 이 편지를 썼다고 생각합니다. 왜냐하면 앞서 설명했듯이, 본문에 기록된 예루살렘 방문 사건을 사도행전 15장이 아니라, 11장 후반부에 기록된 이야기로 보기 때문입니다.

| 바울의 행적과 예루살렘 방문 |

사도행전	갈라디아서
회심 (9:1-5)	회심 (1:15-17)
첫 번째 예루살렘 방문 (9:26-30)	첫 번째 예루살렘 방문 (1:18-24)
두 번째 예루살렘 방문 (11:27-30)	두 번째 예루살렘 방문 (2:1-10)
안디옥 사건 (15:1-2)	안디옥 사건 (2:11-14)
... ...	... ... 〈바울이 갈라디아서를 씀〉
예루살렘 공의회 (15장)	예루살렘 공의회 (등장하지 않음)

이 도표는 다양한 주석들을 참고해서 만든 자료인데, 바울의 여정을 사도행전과 갈라디아서에 기록된 본문들을 중심으로 대조했습니다. 이 강 본문인 갈라디아서 2장 전반부를 바울이 두 번째 예루살렘을 방문했던 사건, 즉 사도행전 11장 27-30절에 기록된 일에 관한 내용으로 본 것이지요. 바울은 본문 2절에서 '계시를 따라' 예루살렘으로 갔다고 말했습니다. 이것은 한편으로는 바울 자신이 다른 어떤 외부의 압력 없이, 오직 성령의 음성을 따라서 예루살렘으로 갔다고 이해할 수도 있지만, 동시에 사도행

전 11장 28절의 내용, 곧 천하에 큰 흉년이 들 것을 예언한 '아가보에게 임한 계시'를 가리키는 표현일 수도 있습니다.

어쨌든 바울은 바나바, 디도와 함께 예루살렘을 방문했습니다. 이때 예루살렘 교회의 성도들에게 자신의 이방인 선교 사역에 관해 소개하고 유력한 자들, 곧 교회의 지도자들과 다른 사도들에게는 더욱 상세하게 그 이야기를 전했습니다. 하지만 그 일이 쉽지만은 않았습니다. 다른 곳도 아닌 예루살렘인 만큼 그곳에는 유대주의자들이 많이 존재했기 때문이지요.

복음을 둘러싼 치열한 싸움

당시 바울 일행 중에는 디도라는 이방인 회심자가 함께하고 있었습니다. 본문 3절에서 바울은 디도가 예루살렘에서 억지로 할례를 받지 않도록 조치했다는 정보를 알려 줍니다. 굳이 이 이야기를 언급한 것은, 돌이켜 생각해 보면 분명 예루살렘에서 디도에게 할례를 받게 하려는 시도들이 있었다는 사실을 유추하게 합니다. 그리고 바울은 단호하게 그 제안과 시도들을 거부하고 막았겠지요. 아니나 다를까, 이러한 시도들은 그 모임 가운데 가만히 들어와 있었던 거짓 형제들의 농간이었다고 바울은 회상했습니다. **"이는 가만히 들어온 거짓 형제들 때문이라 그들이 가만히 들**

어온 것은 그리스도 예수 안에서 우리가 가진 자유를 엿보고 우리를 종으로 삼고자 함이로되"(갈 2:4).

2강에서도 살펴본 것처럼, 바울이 말하는 '거짓 형제들'이란 당시 기독교 공동체 안에 존재했던 유대주의자들입니다. 바울은 그들이 그리스도인 회중 사이에 존재하고 있다는 사실에 대해 극도의 경계심을 품었습니다. 왜냐하면 그들로 인해 기껏 그리스도 예수 안에서 복음의 참된 자유를 누리게 된 이들이 다시 율법의 노예로 전락할 위험이 컸기 때문이지요.

바울의 진술에 따르면, 이 여정 중에 헬라인이었던 디도를 향해 할례를 받으라는 모종의 압박이 있었습니다. 고린도전서 등을 읽어 보면, 사도 바울은 복음의 핵심을 건드리지만 않는다면 화합과 상존을 위해 웬만한 사안들은 타협하고 양보할 수 있는 넉넉한 자세를 갖고 있음을 확인할 수 있습니다. 그는 심지어 믿음이 약한 형제들로 하여금 시험에 들지 않게 하기 위해 자신은 평생 고기를 입에도 대지 않을 수 있다고까지 고백했습니다(고전 8:13). 그런 바울이지만, 이 사안에 있어서는 단 한 발도 물러서지 않았습니다. "그들에게 우리가 한시도 복종하지 아니하였으니 이는 복음의 진리가 항상 너희 가운데 있게 하려 함이라"(갈 2:5).

그 자신부터가 유대인이었던 바울은 할례를 받고 안 받고의 문제가 그렇게 중요한 일은 아니라고 생각할 수도 있었습니다. 어떤 면에서는 유대인과 이방인 간의 화합을 위해 디도를 권면해서 할례를 받게 할 수도 있었지요. 그러나 바울은 이 문제가 바로 복음의 핵심을 건드리는 사안임을 알았습니다. 별것 아닌 듯해 보였지만, 사실은 물러서면 안 되는 문제였습니다. 유대주의자들의 회유나 압박에 넘어가게 되면 앞으로도 계속 그리스도의 십자가 복음만으로는 부족하니 할례를 받아야 하고, 음식법을 지켜야 하고, 안식일 규례를 준수해야 한다는 잘못된 당위가 따라붙게 될 것이라는 사실을 깨닫고 있었던 것이지요.

그래서 바울은 '복음의 진리'가 항상 이방인 신자들 가운데 있게 하기 위해 헬라인 디도로 하여금 절대 할례를 받지 않도록 막아섰습니다. 그것이 복음 안에서 그리스도인들이 예수님을 통해 누리는 자유를 지키는 길임을 천명한 것입니다. 2강에서 우리는 바울이 '그리스도의 종'이 되었다고 고백하는 모습을 보았습니다. 종은 주인에게 철저하게 종속된 존재입니다. 그러므로 바울은 자신을 속박할 수 있는 존재는 오직 예수 그리스도밖에 없음을 선언한 셈이지요.

하지만 유대주의자들의 교묘한 가르침인 '다른 복음'은 예수 그리스도가 아니라 율법의 행위들, 당시 유대교에 입교하기 위해 지켜야 했던 여러 가지 가르침들의 종이 되게 만드는 함정입니다. 그래서 바울은 본문 4절을 통해 말합니다. "거짓 형제들, 곧 유대주의자들은 그리스도 예수 안에서 우리가 가진 자유, 율법의 행위들에 대한 자유를 빼앗고 우리로 하여금 재차 율법의 종이 되게 하려고 한다"고 말이지요.

바울은 기독교 신앙의 출발점이기도 하지만 동시에 당시 유대주의의 본산이라 할 수 있는 예루살렘에서 한 발짝도 물러서지 않고 복음의 참 진리를 지키는 용기 있는 모습을 보여 주었습니다. 그가 자신의 이 행적을 굳이 상기시키는 이유는 이 이야기를 통해 갈라디아 지역의 성도들에게 강력한 메시지를 전하기 위해서였습니다. 그가 예루살렘에서 맞서 싸웠던 그 유대주의자들의 거짓된 가르침에 갈라디아의 교회가 결코 속아 넘어가서는 안 된다는 점을 말이지요.

■ 바울과 다른 사도들, 마침내 맞잡은 두 손

복음은 누구의 것인가?

계속해서 바울은 두 번째 예루살렘 방문 당시 있었던 일들에 관해 이야기를 이어 갑니다. 본문 6절에 등장하는 '유력한 이들'은 앞서 살펴보았듯이 예루살렘 교회의 지도자들과 다른 사도들입니다. 바울은 그들과 따로 면담하면서 자신이 진행하고 있는 이방인을 향한 복음 전도에 관해 충분히 설명했습니다. 바울이 이미 2절에서도 밝힌 것처럼, 그가 교회의 지도자들과 다른 사도들 앞에서 자신의 사역을 설명한 이유는 굳이 그들의 승인이나 인정을 받기 위함은 아니었습니다. 바울은 자신의 이방인 선교가 다른 사람의 뜻이 아니라, 그를 부르신 하나님 아버지의 뜻, 주님이신 예수 그리스도의 의지라는 사실을 믿어 의심치 않았기에 다른 누군가가 그의 사역을 인정해 주는지의 여부는 전혀 문제가 되지 않았지요.

다만 바울은 이방인 선교를 예루살렘 교회에도 충분히 소개함으로써 앞으로 계속 확장되어 갈 복음 전도의 사역이 유대인과 이방인의 분열이나 반목으로 발전하지 않게 만들려 했습니다. 예루살렘 교회 지도자들 및 다른 사도들과 '복음을 위한 연합'을 구축하려 한 것입니다.

사도행전을 읽어 보면 수차례 발견할 수 있듯, 바울은 로마 제국 내에서 이방인들에게 복음을 전하면서 항상 유대인들과 부딪히는 상황을 겪어야 했습니다. 순수 유대교인이든, 기독교로 귀의한 유대인이든 그들이 공통적으로 견디기 힘들어했던 것은 하나님의 은혜가 유대교의 가르침이나 율법의 행위들과 전혀 관계없이 그저 예수 그리스도의 십자가 대속 사건을 믿고 그분을 주님으로 고백하기만 하면 이방인이든, 종이든, 여성이든 누구에게나 차별 없이 주어진다는 바울의 주장이었습니다. 바울의 주장은 예수 그리스도의 복음 그 자체였는데도 여전히 유대인들은 받아들이기 어려워했던 것입니다.

사도 바울은 예루살렘에서도 이와 같은 현상이 일어날까 매우 염려했습니다. 만일 예루살렘 교회의 지도자들과 다른 사도들마저 이방인 선교를 부정적으로 바라본다면, 그래서 바울 자신을 향해 앞으로는 십자가 복음만 전하지 말고 할례와 음식법과 안식일 준수까지 의무적으로 강요하라고 한다면 그는 깊은 절망을 느꼈을 것입니다. 자신을 변화시키고 새사람 되게 하는 예수님의 자유케 하는 복음이 오히려 그분의 제자들에 의해 망가져 버리는 상황이 될 테니까요.

다행히 예루살렘 교회의 지도자들과 다른 사도들은 바울에게 의무를 더하여 주지 않았습니다. 바울이 현재 하고 있는 사역들, 이방인을 향해 십자가의 복음을 전하는 일 외에 다른 어떤 율법의 행위들을 강요하거나 가르치라는 잘못된 명령을 내리지 않은 것입니다. 오히려 그들은 바울이 하고 있는 이방인 선교 사역을 매우 귀한 일로 여겼습니다. **"도리어 그들은 내가 무할례자에게 복음 전함을 맡은 것이 베드로가 할례자에게 맡음과 같은 것을 보았고 베드로에게 역사하사 그를 할례자의 사도로 삼으신 이가 또한 내게 역사하사 나를 이방인의 사도로 삼으셨느니라"**(갈 2:7-8).

이 구절들은 그냥 지나쳐서는 안 될 정도로 굉장한 내용을 담고 있습니다. 예루살렘 교회의 지도자들과 다른 사도들이 바울의 사도권을 완전히 인정했다는 이야기입니다! 예수님의 직계 제자가 아닌, 심지어 이전에 그리스도인들을 무참하게 잡아들이고 핍박했던 바울을 이제는 완전한 사도권을 지닌 자신들의 동역자로 받아들였다는 것이지요.

당시 초대교회의 기둥과 같았던 사도 야고보와 게바(베드로), 그리고 요한은 바울로 하여금 이방인에게 복음을 전하게 하신 분이 바로 자신들이 믿는 여호와 하나님, 동일한 예수 그리스도의 아버지이심을 인정했습니다. 그 증거로 그들은 바울과 바나바에게 '친교의 악수'를 건넸습니다(갈 2:9). 바울의 이방인 선교는 이제 교회의 누구도 반대할 수 없는 공적인 사역이 된 셈이지요. 더 나아가 앞으로 예수 그리스도의 교회는 유대인과 이방인 간에 어떠한 구분도 없이, 모든 인류를 대상으로 그리스도의 복음을 전한다는 위대한 사명을 다같이 확인했습니다.

이 사건은 마침내 교회가 유대교의 그림자에서 벗어나는 결정적 계기들 중 하나가 되었습니다. 그리스도의 몸은 이제 유대인들만으로 구성되지 않고, 헬라인들을 비롯한 모든 인류에게로 확장되었음을 공식적으로 선포한 것입니다. 예루살렘 교회의 지도자들과 사도들은 할례자(유대인)와 무할례자(이방인) 모두가 하나님 나라에 들어갈 수 있는 존재들임을 선언했습니다. 구약에서부터 꾸준히 약속되어 온 하나님의 원대한 비전, 이스라엘 족속을 넘어서서 온 인류와 세상을 향해 뻗어 나가는 하나님 나라의 확장된 지평이 초대교회의 공적인 사명으로 확언된 것입니다.

벽은 허물고, 다리를 세우는 공동체

본문에 기록된 사도 바울의 두 번째 예루살렘 방문기는 우리에게 중요한 사건에 관한 이야기를 들려줍니다. 그것은 바울이 유대주의자들의 회유와 압박에 굴하지 않고, 함께 간 디도로 하여금 할례를 받지 않도록 한 일입니다. 이는 바울이 수호하고자 했던 복음의 핵심, 오직 예수 그리스도의 십자가와 부활만이 우리의 복음이라는 진리를 지켜 낸 사건이기도 합니다. 여기에 더해 바울은 자신의 이방인 선교 사역을 예루살렘 교회의 지도자들과 다른 사도들로부터 공적인 교회의 사명으로 인정받기까지 했지요.

다른 서신들에서 드러나듯, 사도 바울은 교회의 연합과 화평을 위해서라면 비본질적인 사안에 관해서는 언제든 물러서거나 타협할 수 있는 유연한 사람이었습니다. 그럼에도 그는 할례 문제만큼은 결코 물러서지 않았습니다. 단순히 할례라는 종교 예식 문제가 아니라, 그리스도의 복음을 훼손해 버리고 마는 심각한 사안임을 잘 알고 있었기 때문입니다.

우리의 신앙은 어떻습니까? 바울이 많은 부분에서 양보와 타협을 기꺼이 하면서도 절대 '다른 복음' 앞에서는 물러서지 않았던 것처럼, 오늘날 우리 그리스도인들은 물러서도 될 비본질적인 사안들과 절대로 물러서면 안 될 본질적인 요소들을 잘 구별하며 살고 있을까요? 혹시 우리는 양보하거나 타협해도 될 부분에 있어서는 절대 물러서지 않는 배타적인 태도를 보이고, 절대로 허용해서는 안 될 본질적인 영역에서는 너무나 쉽게 자리를 내어 주고 타협해 버리는 무지한 신앙의 모습으로 살아가고 있지는 않습니까?

유대주의의 가장 큰 특징은 자신들만 선택받은 백성이라고 생각하는 지독한 오만함 위에 세워진 배타성입니다. 유대인이 되어야만 완전한 하나님의 백성이 될 수 있다는 주장, 예수 그리스도의 십자가 대속 사건과 그것을 향한 믿음 외에 또 다른 어떤 인위적 규례들이나 노력들, 강력한 선민사상 등은 모두 다 '다른 복음'에 해당하는 거짓입니다.

어쩌면 오늘날의 교회들은 이런 종교적 굴레들을 자꾸만 늘려 가고 있는 것은 아닐까요? 주일 성수를 잘하면 훌륭한 신자인 것처럼, 찬양을 많이 알고 방언으로 기도할 줄 알면 탁월한 그리스도인인 것처럼, 헌금을 많이 하고 봉사 연수가 길면 더 나은 성도인 것처럼 착각하는 '21세기 유대주의'가 우리 안에 '가만히 들어와' 있는 것은 아닐까요? 언젠가부터 우리는 예수 그리스도의 십자가와 부활을 믿고 고백하는 것만으로는 충분한 신앙이 아니라는 생각, 제자훈련도 수료해야 하고, 성경 통독도 자주 해야 하며, 새벽기도회와 주중기도회에 빠지지 말아야 뭔가 참된 신자라는 착각에 자기도 모르게 물들고 있는 것은 아닐까요?

물론 새벽기도회, 성경 통독, 제자훈련 등이 나쁘다는 말이 절대 아닙니다. 다만 그런 '행위들'은 우리가 이미 그리스도 안에서 자유를 누리게 된 후 철저하게 자발적으로, 기쁨으로 감당하는 요소들이지, 그것 자체를 복음인 양 취급하거나 신앙의 척도로 삼아서는 안 된다는 말입니다.

반면에 우리가 정말 막아 내야 하는 유혹과 압박, 본질적인 영역들에 관해서는 어떻습니까? 예수님의 복음은 유대인과 이방인의 구분을 철폐하고 그 종교적인 장벽을 무너뜨린 자유의 기쁜 소식인데, 혹시 우리는 날이 갈수록 교회 안과 밖을 날카롭게 구분한 채, 교회 밖은 질시와 증오의 대상으로만 삼으면서 점점 더 교회당 안으로 우리 자신을 밀어 넣고만 있는 것은 아닐까요?

바울은 유대교의 테두리 안에 십자가의 복음이 갇혀서는 안 된다는 사실을 가장 빨리 알았던 사도입니다. 당시 대다수의 유대인 그리스도인들은 예수님을 믿으면서도 여전히 유대교의 잔재로부터 벗어나지 못하고 있었던 것에 반해, 바울은 그 틀을 가장 빨리 깨뜨린 선구자였습니다. 오늘날 우리 교회들은 틀을 깨는 일을 멈춰 버린 것은 아닙니까? 개종하지 않은 이방인들을 마치 지옥 땔감으로 여겼던 유대주의자들처럼, 기독교로 개종하지 않은 모든 비신자를 멸망할 원수로 여기는 것이 혹 우리의 자화상은 아닐까요?

"Destroy walls, build bridges"(벽은 허물고, 다리를 세우자)라는 말이 있습니다. 오늘날 교회가 기독교라는 높이 선 장벽이 아니라, 하나님의 은혜와 죄인인 인간을 이어 주는 가교 역할을 하는 공동체로 존재할 수 있기를 소망합니다. 누구보다 골수 유대주의자였던 바울이 오직 예수 그리스도의 십자가만 전하는 복음의 사도가 된 것처럼 말이지요.

■ 복음 수호와 구제는 신자의 본질적 사명

본문의 마지막 구절인 갈라디아서 2장 10절에서 바울은 이렇게 썼습니다. **"다만 우리에게 가난한 자들을 기억하도록 부탁하였으니 이것은 나도 본래부터 힘써 행하여 왔노라."** 예루살렘 교회의 지도자들과 다른 사도들은 바울과 바나바에게 친교의 악수를 청하며 오직 한 가지를 함께 결의했습니다. 그것은 유대인과 이방인을 막론하고 다만 가난한 이들을 기억하여 구제하는 일에 힘쓰자는 약속이었습니다. 사실 본문에서 바울과 다른 사도들이 만나게 된 계기 자체가 예루살렘 교회가 직면했던 위기인 기근을 돕고자 한 이방 지역 교회들의 연보였지요.

바울을 포함한 모든 사도가 함께 약속한 이 방침, 곧 "가난한 이들을 기억하자"라는 구호는 사실 복음의 핵심 진리를 또 다른 관점에서 표명한 문장이기도 합니다. 왜냐하면 하나님이 그 아들을 보내사 우리를 위해 십자가를 지게 하신 구속 사역 자체가 바로 죄와 사망의 존재적 가난 속에 허덕이고 있던 우리 인간을 향한 주님의 긍휼이기 때문입니다. 그러므로 가난한 이들을 기억하고 보살피는 일은 십자가와 부활의 복음을 수호할 의무를 지닌 우리 신자들이 핵심적 사명으로 여기고 영원히 지속해야 하는 일이기도 합니다.

복음의 진리로부터 멀어지는 교회들이 있습니다. 십자가와 부활의 원초적인 복음은 점점 퇴색되고, 인간의 여러 가지 잣대들을 들여와 교회 내부를 신앙심 경쟁의 각축장으로 만들어 가는 공동체들이 존재합니다. 그 교회들의 특징은 그 안에 가난한 이들을 향한 긍휼이 결여되어 있다는 점이지요. 하나님이 가난한 우리를 불쌍히 여기신 것처럼, 우리 또한 항상 약하고 소외된 이들을 향해 마음을 쏟음으로써 유대인과 이방인의 모든 차별이 철폐된 하나의 거룩한 교회로 설 수 있기를 소망해 봅니다. 이 땅의 수많은 교회가 각자가 서 있는 지역 사회를 섬기며 그곳의 가난한 이들을 가슴에 품을 수 있기를, 그렇게 본질적인 복음의 선한 사역들을 능히 감당해 낼 수 있기를 간절히 기도합니다.

교회는 분열과 반목을 조장하는 곳이 아니라, 왕이신 예수 그리스도 안에서 만물이 하나 되는 기쁨을 누리는 안식의 공동체입니다. 그곳에 죄인들과 가난한 이들을 십자가로 초청하시는 하나님의 아들이 계시기에, 교회야말로 온 세상을 구원해 내는 방

주가 될 수 있습니다. 이 땅의 수많은 교회가 진리의 문제 앞에서는 담대히 다투고 싸울 줄 알고, 그 외에는 다만 가난한 이들을 기억해 함께 마음과 뜻을 모으는 거룩한 공동체들로 자라 가기를 바랍니다.

█ 핵심 요약 ▏▎▏

- 디도의 할례 문제는 복음의 진리 수호를 위한 물러설 수 없는 사안
- 바울의 예루살렘 방문 목적은 복음을 위한 연합 구축
- 구제는 십자가와 부활의 복음을 수호할 의무를 지닌 신자들의 핵심 사명
- 진리 문제는 담대히 싸우고, 구제에는 뜻을 모으는 거룩한 교회 공동체

█ 핵심 단어 ▏▎▏

- 본질, 비본질, 바울의 사도권, 이방인 선교, 친교의 악수, 21세기 유대주의, 구제

▌적용

1. 항상 상황에 따라 유연하게 대처하며 복음을 전했던 바울이 디도를 둘
러싼 할례 문제에 있어서는 절대 물러서지도, 타협하지도 않았던 모습
을 보게 됩니다. 당시 유대주의자들이 강력하게 주장했던 할례를 허용
하게 되면 그들과의 다툼은 잠시 멈추겠지만, 결국 그리스도의 복음이
주는 자유를 상실할 것이라는 사실을 잘 알았기 때문입니다.
그리스도인은 복음의 핵심을 위해서는 생명까지 내걸고 맞설 수 있는
사람입니다. 오늘날에도 교회가 절대 물러설 수 없는 순간들이 있습니
다. 돈 앞에서, 권세와 명예 앞에서 후퇴하고 타협해서는 안 됩니다. 복
음의 자유를 지키기 위해서는 날마다 죄의 유혹과 싸워야 한다는 사실
을 기억합시다.

2. 바울과 다른 사도들이 친교의 악수를 나누며 오직 한 가지 결의한 내
용이 다름 아닌 '다만 가난한 이들을 기억하도록 부탁한 것'이라는 점
이 매우 의미심장합니다. 가난하고 연약한 사람들, 이른바 사회적 약
자들을 대하는 교회의 태도와 접근이 어떠해야 하는지를 매우 뚜렷하
게 보여 주는 대목입니다.
교회는 지역 사회에서 구제의 한 축을 담당하며 가난의 문제가 조금이
라도 해소되고, 복지의 사각지대에 속한 사람들이 '일용할 양식'을 공
급받을 수 있도록 실제적인 나눔 사역을 이어 가야 합니다. 오늘날 우
리는 육의 양식을 나누고 공급하는 사역에 얼마나 관심을 두고 있는지,
혹시 그 일을 소홀히 여기고 있지는 않은지 되돌아봅시다.

▌나눔

1. "본질에는 일치를, 비본질에는 자유(관용)를, 모든 일에는 자비(사랑)를!" 성 어거스틴이 한 말로 전해지는 유명한 문구입니다. 하지만 신앙생활을 하다 보면 무엇이 본질이고 무엇이 비본질인지, 어디까지 양보해야 하고 어디서부터는 절대 타협해서는 안 되는지 명확한 선을 긋고 구분하는 일이 사실 쉽지 않습니다. 이를 구별하는 나만의 기준 혹은 방법이 있다면 함께 나누어 봅시다.

2. 구제 사역을 행하면서 영적인 기쁨, 환희를 경험한 적이 있습니까? 내게 소중했던 무언가를 아낌없이 나눔으로써 오히려 하나님이 주시는 충만한 행복과 감사를 누려 본 적이 있습니까?

4강

믿음으로
얻는 의

2:11-21

"오직 예수 그리스도를 믿음으로
하나님의 백성이 된다"는 선언은
그 진리 하나만으로 서로 다른 성별과 인종과
계급과 사상을 가진 사람들을
그리스도의 한 백성으로 창조해 내는
강력한 능력을 갖고 있습니다.

▧ 안디옥 사건

게바의 외식

갈라디아서 2장 11-21절은 아마도 바울의 예루살렘 2차 방문 이후 일어난 사건으로 보입니다. 이번에는 게바, 곧 사도 베드로가 안디옥에 방문했을 때 발생한 일인데, 여기서 바울은 놀랍게도 베드로를 대면하여 강력하게 책망을 합니다. 그 이유를 12-13절은 다음과 같이 설명합니다. **"야고보에게서 온 어떤 이들이 이르기 전에 게바가 이방인과 함께 먹다가 그들이 오매 그가 할례자들을 두려워하여 떠나 물러가매 남은 유대인들도 그와 같이 외식하므로 바나바도 그들의 외식에 유혹되었느니라."**

사건의 개요는 간단합니다. 게바가 안디옥에 와서 그곳의 이방인 신자들과 함께 교제하며 식사를 나누었습니다. 그런데 야고보에게서 온 어떤 이들, 즉 예루살렘 교회에서 온 일단의 유대주의자들이 도착하자 더 이상 이방인 신자들과 식사 자리를 갖지 않지요. 또한 게바의 그러한 결정에 다른 유대인 그리스도인들과 심지어 바나바조차도 따라감으로써 외식이라는 유혹에 안디옥 교회 공동체 전체가 시험을 받는 상황이 발생한 것입니다.

고대 근동의 문화에서 '함께 식사를 한다'는 것은 단순히 밥을 같이 먹는 사이라는 의미가 아닙니다. 고대의 군사 동맹 체결식이나 아주 중요한 언약식들에서는 종종 식사 자리를 함께하는 경우가 있었고, 그런 점에서 함께 식사하는 행위는 겸상하고 있는 상대방을 나와 완전히 같은 편으로 인정하는 것과 같았습니다. 한 상에 앉은 자들은 서로 같은 배를 탄 운명 공동체라는 사실을 공식적으로 표명하는 일인 셈이지요. 이처럼 공적인 식사는 매우 중요하고 무거운 상징성을 갖고 있는 행위였습니다.

그러니 앞서 게바가 안디옥에 와서 이방인 신자들과 함께 식사를 나눈 것은 그가 이방인들을 있는 그대로, 그리스도 안에서 동일한 신앙을 지닌 형제자매들로 인정했다는 뜻입니다. 그런데 유대주의자들, 할례와 음식법과 안식일의 엄격한 준수를 신앙의 기준으로 삼는 이들이 그 자리에 도착하자 게바는 그들과의 마찰을 두려워한 나머지 이방인들과의 식사를 피하기 시작했습니다. 같은 신앙을 지닌 운명 공동체라는 고백을 의미하던 그 식사 자리를 더 이상 갖지 않게 된 것은 '유대인과 이방인의 하나 됨'이라는 거룩한 공동체성을 교회의 지도자인 게바가 스스로 부정한 셈이지요.

불필요한 마찰을 피하기 위한 선택이었다 해도 당시 안디옥 교회의 이방인 신자들이 받았을 충격과 상처는 그야말로 엄청났을 것입니다. 자신들이 믿고 따르는 교회의 교사이자 사도인 게바가 이방인으로서 신자 된 자신들과의 관계를 단절하는 것과 다를 바 없는 행동을 저지른 것입니다. 심지어 다른 유대인 신자들, 특히 안디옥 교회의 주요 지도자인 바나바마저 게바의 그런 행동을 따라간 것은 모든 이방인 신자들이 마치 유대인 신자들보다 훨씬 하등한 존재라는 차별적 선언을 한 것이나 다름없었지요. 최초의 선교적 교회였던 안디옥 교회가 게바의 경솔하고 위선적인 행동 단 한 번에 갈라지고 무너질 위기에 봉착한 것입니다.

타협해선 안 되는 것

사도 바울은 게바의 이러한 행동을 가리켜 '외식'이라 표현했습니다. '위선'이라고도 번역할 수 있는 이 헬라어 단어 '후포크리시스'(ὑπόκρισις, 영. hypocrisy)는 복음서에서 예수님이 가장 심하게 비판하신 바리새인과 서기관들의 죄악입니다. 표면적으로는 신앙에 합당하고 선한 행위처럼 보이지만, 사실 그 내막을 들여다보면 악한 의도에서 비롯된 행동을 가리키는 표현이지요. 게바는 할례자들, 곧 유대주의자들을 배려하고자 이방인들과의 식사 자리를 피했지만, 그것은 오히려 복음의 본질을 훼손하고 공동체를 파괴하는 심각한 결과를 낳은 어리석은 행위였던 것입니다.

게바의 위선이 가져온 심각한 위기를 본 바울은 그를 대면하여 호되게 꾸짖었습니다. 우리가 배운 바로는, 보통 교회 안에서 갈등 사례가 발생할 때 가급적 개인적으로 대면해서 권고하고 책망하여 일이 조용히 해결되게 해야 합니다. 사적인 갈등의 경우에는 이러한 방법이 더욱 큰 분란을 사전에 막고 선한 결과를 낳을 수 있습니다.

하지만 게바가 저지른 실책은 절대 조용히 둘만 만나서 책망해서는 안 되는 사안이었습니다. 유대인과 이방인 모두가 모여 있는 공적인 자리에서 책망이 이루어져야만 했습니다. 그래서 14절에는 바울이 모든 자 앞에서 게바를 책망하는 놀라운 장면이 기록되어 있습니다. 게바와 바나바의 실책으로 자칫 깨어질 위기에 놓여 있던 유대인과 이방인의 연합을 회복하고 온전한 공교회성을 지키기 위해, 바울은 자신보다 한참 선배이면서 당시 가장 높은 권위를 지니고 있던 사도인 게바를 모든 신자 앞에서 공식적으로 책망한 것입니다.

게바는 당시 유대주의자들의 영향력과 입김을 강하게 받고 있던 예루살렘 교회와 그들로부터 온 유대인 형제자매들을 배려해서 일시적으로 이방인 신자들과의 식탁 교제를 멈추었습니다. 어쩌면 그는 이러한 자신의 행동이 평화를 위한 일시적인 타협이라 생각했을지도 모릅니다. 하지만 이방인 선교의 최전선에 서 있던 바울의 눈에 이 타협은 절대로 허용해서는 안 되는 것이었습니다. 다른 사람도 아닌 교회의 주요 지도자인 게바가 이렇게 행동함으로써 안디옥의 모든 이방인 신자들은 그들 자신이 유대인 그리스도인들에 비해 어딘가 '부족한' 존재들이라 생각할 수 있게 되었기 때문입니다.

그리스도 안에서 한 몸이라면 유대인이든 이방인이든, 그들의 문화와 생활 풍습이 어떻든 단 하나의 기준, 오직 예수 그리스도의 이름만 필요합니다. 게바의 행동은 이방인 신자들로 하여금 '우리에게는 예수님의 이름뿐 아니라 결국 유대교의 관습들도 필요하겠구나' 하고 착각하게 만들었습니다. 이방인을 그리스도인이 아니라 유대인이 되도록 만드는 심각한 위선이었던 것입니다. 게바는 절대 양보해서는 안 되는 지점에서 타협을 시도하는 어리석음을 범하고 만 셈이지요.

바울은 왜 베드로를 '게바'라고 부를까?

여기서 잠시, 사도 바울이 같은 사도인 베드로를 부르는 호칭에 대해 살펴보겠습니다. 바울은 갈라디아서 2장 7-8절 외에는 단 한 번도 '베드로'라는 이름으로 그를 부르지 않습니다. 모든 바울 서신 내내 바울이 베드로를 부르는 호칭은 '게바', 곧 당시 팔레스타인 지역에서 가장 널리 통용되던 언어인 아람어로 부르는 이름이지요. 그래서 어떤 학자들은 바울이 뒤늦게 사도가 된 자신보다 입지가 높은 베드로를 의도적으로 폄하하기 위해 당시 민중언어였던 아람어 방식의 이름인 게바로 불렀을 것이라 보기도 합니다. 또 일부 학자들은 바울이 게바라고 부르는 사람은 사도 베드로가 아니라 게바라는 이름을 가진 아예 다른 인물, 동명이인으로 추측하기도 합니다.

하지만 아마도 바울이 베드로를 의도적으로 폄하하기 위해 게바라고 부르지는 않았다고 생각합니다. 지금은 사도 바울을 기독교 역사상 가장 위대한 인물 중 한 사람으로 평가하지만, 정작 그가 살았던 당시에 바울과 베드로의 입지는 비교조차 불가했을 테니까요. 바울이 아무리 의도적으로 베드로를 폄하해 봤자 상대적으로 자신의 입지가 높아지는 효과는 기대할 수 없었을 것입니다. 오히려 사람들이 바울을 향해 "네가 무엇이기에 교회의 가장 중요한 지도자인 베드로를 폄하하느냐?"라고 면박을 주었을 가능성이 훨씬 높겠지요.

갈라디아서 2장 7-8절의 내용은 베드로에게 주님이 주셨던 사도로서의 권위, 할례자들을 담당하는 직분자로서의 위치를 말하는데, 바울이 그 대목에서만 게바가 아니라 베드로라고 부르는 것은 이것이 입지나 권위의 문제가 아니라, '호칭'의 문제임을 보여 줍니다. 우리에게는 훨씬 익숙한 베드로라는 이름이 오늘날 우리가 쓰는 이름의 개념이 아니라, 예수님이 사도로서 주신 '교회의 반석'이란 의미, 곧 시몬 베드로가 갖고 있던 특수한 직분적 호칭이었다는 뜻입니다. 특히 민중언어인 아람어 호칭 게바보다 헬라식 표현인 베드로가 좀 더 공적이고 권위적인 단어였을 가능성이 있지요.

복음서의 기자들은 베드로가 가진 직분적 호칭과 공적 권위를 더 부각시키기 위해 베드로라는 이름으로 그를 지칭했고, 바울은 어떤 비하적 의도에서가 아니라 단지 자연스럽게 자신에게 더 친근한 아람어 방식 이름인 게바를 사용했다고 보는 것이 적절합니다. 하지만 갈라디아서 2장 7-8절의 내용은 주님이 게바에게 주신 사명과 직분에 대한 이야기이므로, 그 대목에서는 베드로라는 좀 더 공적인 호칭을 잠시 사용했다고 볼 수 있겠습니다.

■ 반드시 지켜 내야 하는 믿음으로 얻는 의

율법의 행위: 벽을 세우는 일

사도 바울은 게바의 이러한 위선적 행위를 가열하게 비난했습니다. 14절에 기록된 바울의 항의를 좀 더 가독성이 좋게 번역(저자사역)해 보면 이런 내용입니다. **"유대인으로 태어난 당신이 유대인 아닌 이방인처럼 살면서, 왜 이방인은 정작 유대인으로 만들고자 합니까?"**

게바는 안디옥에 와서 많은 이방인과 교제하며 민족이라는 장벽을 넘어선 복음의 하나 됨을 가르쳤고 자신도 그것을 누렸습니다. 게바는 유대인이었지만 안디옥 교회에서 이방인 신자들과 함께하며 유대교가 금지한 음식들도 거리낌 없이 식탁 교제 가운데 먹었습니다. 그랬던 그가 예루살렘에서 온 유대주의자들을 두려워한 나머지 그 복음의 자유함을 스스로 내던진 것입니다.

게바의 이러한 행동은 안디옥의 이방인 신자들로 하여금 '아, 우리도 유대인이 되어야 하는구나. 할례를 받고 음식법을 지켜야 우리도 교회의 일원으로 인정받을 수 있는 것인가?' 하고 생각하게 만들었지요. 이방인을 유대인으로 만들려고 하느냐는 바울의 항의는 바로 이 점을 지적합니다.

15-16절은 바울이 게바에게 계속해서 책망한 내용을 기록해

두고 있습니다. "우리는 본래 유대인이요 이방 죄인이 아니로되 사람이 의롭게 되는 것은 율법의 행위로 말미암음이 아니요 오직 예수 그리스도를 믿음으로 말미암는 줄 알므로 우리도 그리스도 예수를 믿나니 이는 우리가 율법의 행위로써가 아니고 그리스도를 믿음으로써 의롭다 함을 얻으려 함이라 율법의 행위로써는 의롭다 함을 얻을 육체가 없느니라." 여기서 바울이 말하는 '율법의 행위'란 단순히 구약의 율법 전체를 가리키는 표현이 아닙니다. 앞서도 언급했듯이 바울도, 예수님도 율법 자체를 통째로 부정한 적은 결코 없습니다. 다만 바울이 여기서 말하고 있는 율법의 행위라는 것은 특정 행위 혹은 관습들이 대표하고 있는 유대 율법의 배타성, 분리주의, 선민사상을 의미하지요. 율법 자체는 선한 것이며, 예수님은 자신이 율법을 완전하게 하러 왔다고 선언하셨습니다.

바울이 말하는 율법의 행위는 율법에 포함된 일부 특정 항목이나 행위들을 절대화시켜 그것을 행하는 자들만 하나님의 백성으로 간주하는 유대주의자들의 차별 의식입니다. 특정 행위와 관습을 기준으로 삼아 그것으로 하나님과 사람 사이에, 그리고 사람과 사람 사이에 장벽을 세워 버리는 사악한 시도들을 가리키는 것입니다.

게바는 왜 예루살렘에서 온 자들을 두려워했을까요? 유대주의자들은 그들이 가진 음식법, 즉 레위기 11장에 기록된 먹어도 되는 동물들과 먹어서는 안 되는 동물들을 날카롭게 구분해 그것을 지켜야만 하나님의 백성으로서 자격이 있다고 단정 지었기 때문입니다. 그들에 의하면, 돼지고기를 먹는 이방인 신자들은 거룩한 백성이 될 수 없었지요. 또한 그런 이들과 함께 식탁 교제를 하는 게바는 지도자로서 자격이 없는 사람으로 규정될 수 있었습니다. 게바는 이러한 충돌과 반발의 파급력을 두려워한 것입니다.

하지만 주께서 주신 믿음에 기대어 담대하게 말하건대, 예수 그리스도의 복음은 그런 율법의 행위들로 인해 단절된 관계들을 다시 화평케 하고 이어 붙이는 하나님 나라의 능력입니다! 바울은 그러한 복음의 능력을 에베소서에서 이렇게 표현했지요. "**그리스도는 우리의 평화이십니다. 그리스도께서는 유대 사람과 이방 사람이 양쪽으로 갈라져 있는 것을 하나로 만드신 분이십니다. 그분은 유대 사람과 이방 사람 사이를 가르는 담을 자기 몸으로 허무셔서, 원수 된 것을 없애시고, 여러 가지 조문으로 된 계명의 율법을 폐하셨습니다. 그분은 이 둘을 자기 안에서 하나의 새 사람으로 만들어서 평화를 이루시고, 원수 된 것을 십자가로 소멸하시고 이 둘을 한 몸으로 만드셔서, 하나님과 화해시키셨습니다**"(엡 2:14-16, 새번역성경).

율법의 행위들은 벽을 다시금 쌓아 올립니다. 특정한 종교적 기준들을 바탕으로 유대인과 이방인을 다시 가르고, 그렇게 조성

된 분열과 대립과 다툼으로 인해 죄인이 하나님께 나아가는 길을 막아 버리는 악입니다. 바울은 본문 18절에서 헐었던 벽을 다시 세우는 율법의 행위는 우리 모두를 의로움이 아니라 불의함으로 몰아붙이는 결과를 낳는다고 지적했습니다. 이것은 복음에 아주 작은 생채기를 내는 정도가 아닌, 아예 복음의 반대편에 서도록 만드는 적그리스도적인 행위인 셈이지요.

교회는 율법의 행위들을 통해 너와 나, 유대인과 이방인, 남성과 여성, 주인과 종을 날카롭게 구분 짓고 서로 간에 높낮이를 두는 공동체가 아닙니다. 교회란 인간이 규정해 놓은 모든 사회적, 그리고 종교적 장벽들을 무너뜨림으로써 하나님 안에 하나 되는 기쁨과 회복을 누리는 복음 공동체라는 사실을 바울은 다시금 강조한 것입니다.

믿음: 십자가로 세우는 다리

16절에 매우 중요한 말씀이 등장합니다. **"사람이 의롭게 되는 것은 율법의 행위로 말미암음이 아니요 오직 예수 그리스도를 믿음으로 말미암는 줄 알므로."** 바울 당시의 유대주의자들이 그랬듯, 오늘날 많은 교인은 의롭게 되는 것에 자꾸만 믿음 이외의 것들을 추가하려는 경향이 있습니다. 그래도 우리가 교인인데 이런 것도

해야 하고, 저런 것도 지켜 줘야 교인다운 존재가 될 수 있다고 착각하는 것이지요. 십일조의 참된 의미를 깨닫기도 전에 십일조를 기계적으로 지켜야 한다고 배웁니다. 그러니 결과적으로 십일조에 담긴 구제와 사랑의 정신을 누리지 못한 채 그저 그것을 하느냐, 마느냐의 여부에 따라 좋은 신자냐, 아니면 부족한 신자냐 등 판단부터 주고받는 비극에 빠져 버리곤 하는 것입니다.

아무리 그래도 최소한 자기 소득의 10분의 1을 떼어 하나님께 드릴 줄 아는 사람이 자신의 믿음을 입증할 줄 아는 사람이라는 것이 확실합니까? 만약 이 질문에 "그렇다"고 답하는 사람은 율법의 행위라는 함정에 빠진 것입니다. 얼핏 보면 아주 합당해 보이는 모습이나 헌신들, 하나님의 백성으로서 응당 지켜야 할 것처럼 보이는 기준들이 있습니다. 하지만 그것들마저도 나를 그리스도의 제자로 규정지어 주는 아주 사소한 근거조차 될 수 없다는 것이 바로 사도 바울의 강조점입니다.

비단 십일조뿐 아니라 여러 가지 봉사와 헌신, 더 나아가 직분을 받는 일도 마찬가지입니다. 심지어 주일 성수조차 우리가 형제자매들을 판단하는 율법의 행위로 전락해 버릴 수 있습니다. 그것을 나 자신을 주께 드리는 데 쓰지 않고, 타인을 정죄하고 그를 나보다 못한 신자로 격하시키기 위한 기준 내지 잣대로 삼아 버리는 순간 말입니다.

본문에서 가장 유명한 구절은 아마도 20절일 것입니다. "**내가**

그리스도와 함께 십자가에 못 박혔나니 그런즉 이제는 내가 사는 것이 아니요 오직 내 안에 그리스도께서 사시는 것이라 이제 내가 육체 가운데 사는 것은 나를 사랑하사 나를 위하여 자기 자신을 버리신 하나님의 아들을 믿는 믿음 안에서 사는 것이라." 많은 그리스도인이 이 구절을 그저 개인 구원의 차원에서만 이해합니다. '아, 그리스도가 나를 위해 죽으셨으니 내가 그 사실만 믿으면 천국에 갈 수 있는 것이구나. 십자가에서 죽으신 예수님만 믿으면 구원받고 천국 가는 데 아무 지장이 없구나'라고요.

하지만 이 구절이 속해 있는 4강 본문 전체의 문맥을 보면, 바울은 지금 우리 각자가 하나님 앞에서 어떻게 구원받을 수 있는가의 문제만 다루고 있는 것이 아닙니다. 지금 바울은 게바의 실책에 나타나 있는 유대인과 이방인 사이의 공동체성 문제로부터 출발해서 이신칭의라는 교리로 나아가고 있습니다.

유대주의자들은 구원을 받고 싶으면 유대인이 되라고 강요했습니다. 유대인이 됨으로써 하나님의 백성으로 편입하는 것을 '복음'으로 여긴 셈이지요. 하지만 바울은 율법의 행위들에서 벗어난, 다른 어떤 인위적이고 종교적인 기준들로부터 온전히 자유한 복음의 유일한 조건을 이야기합니다. 그것이 바로 십자가의 예수 그리스도를 믿는 '믿음'입니다. 예수 그리스도가 십자가에서 죽으시고 또 부활하심으로써 우리 죄인들의 모든 존재적 문제들을 해결하셨음을 받아들임으로써 하나님의 백성이 된다는 메커니즘입니다.

교회를 다니면서 이런저런 기준과 행위들을 준수하는 '종교인'이 되면 하나님의 구원을 얻을 수 있다고 오해해서는 안 됩니다. 우리 중에 이런 오해 속에 신앙생활을 영위해 온 사람들이 얼마나 많습니까. 하지만 이는 바울 당시 유대주의자들의 생각을 거의 벗어나지 못한 것입니다. 안타깝게도 우리는 여러 가지 잣대들을 지킴으로써 구원을 누린다고 생각하며 '종교생활'에 잠식되어 가고 있습니다. 그렇게 율법의 행위를 지키던 유대인의 후손이 되어 가는 것이지요.

우리에게 필요한 것은 오직 예수 그리스도의 십자가, 그리고 부활을 향한 믿음뿐입니다. 그 외의 모든 것은 그저 부수적인 요소에 불과합니다. 우리가 누구든 아무런 상관이 없습니다. 유대인이든 이방인이든, 남성이든 여성이든, 주인이든 종이든 전혀 관계없습니다. 오직 예수 그리스도가 나와 온 피조 세계를 위해 십자가에서 죽으셨고 부활하셨음을 믿으십시오. 그러면 계급과 직업과 성별과 출신에 관계없이 누구든 하나님의 백성이 됩니다. 이 놀라운 자유의 복음이 우리에게 주어졌습니다. 그 외의 것을 복음으로 받아들이지도 말고, 믿음의 대상으로 여기지도 말고, 신앙의 판단 기준으로도 삼지 마십시오. 율법의 행위를 재소환하지 마십시오.

잘 알려진 예화인데, 정확하지 않아 조금 변형해 보겠습니다.

어떤 사람이 죽어서 천국에 갔습니다. 천국 문에 들어가기 전에, 그가 문 앞에 서 있는 사도에게 질문하고 대화가 이어집니다. "지금 저 안에는 당연히 우리 장로교인들이 들어가 있겠죠?" "아니, 저 안에 장로교인들은 없다." "그러면 저 안에 침례교인들이 들어가 있단 말입니까?" "아니다. 저 안에는 침례교인들도 없다." "그렇다면 저곳에는 감리교인들이 들어갔습니까?" "틀렸다. 감리교인들은 천국에 존재하지 않는다." "맙소사, 그렇다면 가톨릭 신자나 성공회 교인들이 천국에 간 것이군요!" "아니다. 가톨릭 신자, 성공회 교인, 동방정교회 성도 또한 천국에는 존재하지 않는다." "… 대체 그러면 누가 천국에 들어가 있단 말입니까?" "이 문을 넘어서면 그 안에는 장로교인도, 침례교인도, 감리교인도, 가톨릭 신자도, 성공회나 동방정교회 신자도 없음을 보게 될 것이다. 천국에는 오직 '그리스도인'들만 존재할 뿐이다."

■ 이신칭의(以信稱義)
: 구원과 더불어 교회에 관해서도 가르치는 진리

종교개혁자 마르틴 루터는 갈라디아서와 로마서에서 이신칭의라는 교리를 재발견함으로써 당시의 타락한 로마가톨릭에 저항하는 개신교의 초석을 놓았습니다. 하지만 그는 이신칭의, 곧 믿음으로 의롭다 하심을 얻는다는 성경의 핵심 진리를 지나치게 구원론적으로만 적용했다는 점에서 시대적 한계 안에 갇혀 있는 위인이기도 합니다. 오늘날 신약학자들은 루터가 도무지 죄의 문제를 극복할 수 없는 존재적 한계에 부딪혀 버린 자신의 신학적 고민을 투영시켜 성경을 읽었기에 이신칭의라는 개념을 '구원론'으로만 부각시키고 말았다고 지적합니다. 사실 믿음으로 의롭다 하심을 얻는다는 바울의 선언이 나온 배경에는 유대인과 이방인 사이의 갈등이라는 '교회론'의 문제 인식이 있었는데 말이지요.

"믿음으로 의롭게 된다"는 선언은 구원론과 교회론 두 개의 측면을 모두 포함한 진리입니다. 구원론적인 측면에서 이 말은 우리에게 너무나 익숙한 개념입니다. 율법의 행위를 비롯해 인간이 만들어 낸 그 어떤 종교적 기준들이 아니라, 오직 예수 그리스도의 대속 사역만이 우리를 하나님의 백성이 되게 해 준다는 뜻입니다. 하지만 바울은 이것을 개인 구원의 문제가 아니라, 유대인과 이방인이 하나의 교회로 세워져 가야 하는 공동체 차원의 문제에서 다루면서 선언했습니다. 그러므로 이신칭의는 교회론의 근간이 되는 교리이기도 합니다.

그렇다면 "믿음으로 의롭게 된다"는 선언의 교회론적 의미는 무엇일까요? 그것은 '오직 믿음'만이 우리를 그리스도의 공동체로 모으는 유일한 기준이라는 뜻입니다. 세상은 혈연과 지연, 학연으로 서로를 가르고 당을 짓습니다. "우리가 남이가"라는 말은 쉽게 말하자면 "우리 집단 밖에 있는 이들은 전부 다 남 아이가"라는 의미지요. 이것을 누구보다 잘했던 이들이 바로 유대주의자들이었습니다. 그들은 "할례를 받지 않았다면 우리 편이 아니야. 음식법을 안 지키면 우리와 같은 공동체가 아니야. 안식일을 엄격하게 지키지 않는 이들은 다 적이야"라고 말했던 것입니다.

그렇게 본래 사랑의 법으로 주어졌던 율법은 유대주의자들의 선민사상과 특권의식으로 변질되어 서로를 가르고 차별하고 미워하고 증오하는 죄악의 수단으로 전락했습니다. 그래서 예수님은 온 세상 앞에 증명하실 수밖에 없었지요. 십자가, 곧 원수를 위해 나를 스스로 희생하는 행위야말로 율법의 정수이며, 하나님의 백성을 규정짓는 유일한 기준이라는 진리를 말입니다.

오늘날 유대주의자들을 가장 많이 닮은 이들은 어디에 있을까요? 안타깝지만 우리 개신교인들이라 생각합니다. 솔직하게 말해서, 개신교만큼 교파가 많은 종교가 세상 어디에 있나요? 개신교인들만큼 각자의 신앙적 기준을 절대화시켜 다른 사람들을 정죄하고 비난하는 데 능숙한 사람들이 어디 있습니까? 우리만큼 율법의 행위를 많이 만들어 내고, 벽을 세우고, 울타리를 치고, 안과 밖을 날카롭게 구분하고, 이웃을 향해 지옥 운운하는 말들을 쉽게 만들어 내는 이들이 지금 이 사회에 또 있을까요?

우리의 이러한 오만함과 율법의 행위들이 만들어 낸 결과를 한번 보십시오. 개신교를 모티브로 한 수많은 이단과 사이비들을 양산해 냈고, 이단이라 불러도 무방할 정도로 극단적이고 폭력적인 교인들을 탄생시켰습니다. 불과 20년 전만 해도 개신교는 윤리적이고 신사적인 사람들의 종교로 평가받았습니다. 그런데 지금은 교회를 다닌다고 말하면 사람들이 일단 흰 눈으로 쳐다봅니다. 알게 모르게 경계심을 갖고 대합니다. 직장에서는 교회 다니는 사람들이 종교로 인해 다툼을 일으킬까 봐 오히려 비신자들이 더 조심합니다. 슬프고 비참한 광경입니다. 어쩌다 우리가 '유대주의자'가 되고 말았을까요? 오직 믿음을 강조하는 사랑과 용서의 기독교가 어쩌다가 증오와 차별의 종교로 전락하고 말았습니까.

'믿음으로 의롭게 된다'는 교리가 하나님과 사람 사이의 단절만 회복시키는 것이 아니라 사람과 사람 사이에 존재하는 장벽도 무너뜨리는 하나 됨의 교리라는 사실을 우리가 다시 붙잡았으면 합니다. "오직 예수 그리스도를 믿음으로 하나님의 백성이 된다"는 선언은 그 진리 하나만으로 서로 다른 성별과 인종과 계급과 사상을 가진 사람들을 그리스도의 한 백성으로 창조해 내는 강력한 능력을 갖고 있습니다.

그러므로 누구든지 오직 믿음으로 하나님의 자녀가 될 수 있다는 이 위대한 진리는 교회 밖 수많은 사람을 담대히 초청하는 초대장이 되어야 하지 않을까요? 이신칭의의 복음을 겨우 신자와 비신자를 날카롭게 구분 짓는 차별과 정죄의 수단으로 오용한다면, 그것은 이 복음을 주신 삼위 하나님의 아름다운 뜻을 곡해하는 비극이 되고 말 것입니다.

예수님을 만나서 자신의 귀신 들린 딸을 고쳐 달라고 간청했던 가나안 여인을 떠올려 봅시다(마 15:21-28; 막 7:24-30). 그 여인은 예루살렘 성전이나 유대인들의 회당에 가 본 적조차 없는 사람이었습니다. 율법도 몰랐고, 두루마리에 기록된 구약 성경은 구경조차 못해 본 이방인이었지요. 오늘날로 치면 예수님의 이름도 몇 번 들어 본 적 없고 교회에는 발 한 번 들여 본 적 없는 사람입니다. 그런데 이 가나안 여인이 예수님 앞에서 주인의 상에서 떨어지는 부스러기라도 좋으니 도와 달라고 간청했을 때 예수님은 그 여인의 믿음이 크다며 소원대로 될 것이라 말씀하셨습니다.

바울이 말하는 믿음은 바로 이런 믿음입니다. 가나안 여인이 가졌던 바로 그 믿음만 있으면 유대인이든 이방인이든 하나님의 백성입니다. 이신칭의는 "예수 믿는 우리만 구원받은 백성이고 너희는 다 지옥에 간다"는 배타적인 선언이 아니라, '누구든지 예수의 이름을 부르는 자는 구원을 받는다'는 뜻입니다. 온 우주를 향한 하나님의 사랑의 초대이며, 그 사랑 안에서 우리 죄인들 사이에 존재하는 모든 미움과 벽을 다 무너뜨리는 교회의 능력입니다. 이것이 바로 "믿음으로 의롭게 된다"는 선언의 참된 의미입니다.

이 믿음의 능력, 온 세상을 그리스도의 십자가 아래 초청하는 하나님의 위대한 능력이 이 땅의 모든 교회에 충만하기를 간절히 소망합니다. 기독교는 유대인과 이방인의 편을 가르고, 내가 지키는 율법의 행위를 상대도 지켜야 비로소 같은 편으로 인정해 주는 그런 종교가 아닙니다. 예수 그리스도를 믿고 따르는 모든 사람을 의롭다 하시는 하나님의 이름으로 모든 이웃과 피조 세계를 담대히 초청하는 참된 복음의 공동체입니다. 우리 모두 그 복음의 본질로, 이신칭의라는 가슴 뛰는 진리로 온전히 되돌아갈 수 있기를 희망합니다.

▌ 핵심 요약 ▕▏▏

- '율법의 행위'는 유대주의자들의 차별 의식
- 복음은 율법의 행위들로 단절된 관계를 잇는 하나님 나라의 능력
- 교회는 장벽을 무너뜨려 하나 되는 기쁨과 회복을 누리는 복음 공동체
- 신자에게 필요한 것은 십자가와 부활을 향한 믿음뿐
- 이신칭의 교리는 배타적인 동시에 포괄적

▌ 핵심 단어 ▕▏▏

- 외식, 타협, 율법의 행위, 믿음으로 얻는 의, 자유의 복음

적용과 나눔

적용

1. 바울은 사도들 사이에 권력 다툼을 벌이기 위해서가 아니라, 복음의 진리를 지키고자 하는 순수한 의도로 선배라 할 수 있는 게바(베드로)를 강력하게 책망했습니다. 더 놀라운 사실은, 게바가 그런 바울의 질책을 겸허하게 받아들여 자신의 잘못을 인정한 것으로 보인다는 점입니다. 바울도, 게바도 대단한 인물들입니다.

   오늘날 교회에도 이런 단단하고 성숙한 지도자들이 필요합니다. 복음의 진리를 지키기 위해서라면 상대방을 가리지 않고 잘못을 지적할 줄 아는 사람, 그리고 자기 잘못을 순순히 인정하고 반성할 줄 아는 사람. 이런 신앙인이 될 수 있도록 기도하며 노력해 봅시다.

2. '오직 믿음으로 의롭다 하심을 얻는다'는 이신칭의 교리는 믿음으로만 구원받을 수 있다는 배타적인 교리인 동시에, 인종과 성별과 교파를 막론하고 예수님을 믿는 모든 사람이 하나님의 하나 된 백성이라는 포괄적 교리이기도 합니다. 그러므로 믿느냐, 안 믿느냐를 함부로 잣대 삼게 되면 결국 믿음마저 또 다른 '율법의 행위'가 될 수 있습니다.

   타인의 믿음을 판단할 것이 아니라, 모든 신념과 생각과 사상과 기준들을 뛰어넘으시는 예수님의 크신 사랑 안에서 모든 교회가 공통된 믿음으로 한 몸이라는 사실을 기억합시다. 신학적 색깔이 다르고 교파가 달라도 '오직 믿음' 안에서는 하나의 공교회입니다. 좀 더 열린 마음으로 믿음의 형제자매들에게 다가가 봅시다.

▌나눔

1. 마치 게바가 예루살렘에서 온 사람들을 두려워해 이방인들과의 식사를 멈춘 것처럼, 미움을 받거나 오해 사는 일을 피하고자 의도적으로 누군가를 피하고 배척했던 기억이 있습니까? 혹은 그런 배척을 당했던 경험이 있습니까? 그 일은 어떤 상처를 남겼고, 어떤 결과를 가져왔습니까?

2. 이신칭의 교리는 믿음으로 하나님과 사람 사이에 있는 장벽을 허물뿐 아니라 사람과 사람 사이에 존재하는 벽 역시 무너뜨릴 수 있는 가장 아름다운 진리입니다. 예수님을 향한 믿음 안에서 이웃과의 화해, 평화를 경험해 본 적이 있습니까?

율법과
믿음

3:1-14

율법의 행위들은 그것을 지키는 자들과
지키지 못하는 자들 사이에 선을 그어 버립니다.
신앙이라는 숭고한 가치에 바탕을 두고 있지만,
결국 사람들을 갈라놓고 차별하게 만드는 결과를
낳고 말지요. 이는 치명적인 유혹인 동시에 위험입니다.

III

바울은 그 유명한 이신칭의, 율법의 행위가 아닌 오직 예수 그리스도를 믿음으로 하나님의 의롭다 하심을 얻게 된다는 사실을 변증합니다. 이 맥락을 보면 '이신칭의', 줄여서 '칭의'라는 개념은 그저 구원에 관한 내용으로만 국한되는 교리가 결코 아닙니다. 그리스도의 십자가 복음이 유대인과 이방인 사이의 벽을 허물고 하나 된 하나님의 백성을 창조해 냈는데, 할례와 같은 율법의 행위들을 통해 그 백성들을 다시 나누어 흩어 버리려고 하는 위협이 등장했습니다. 이신칭의는 바로 그런 공격으로부터 교회를 지키는 교회론적 교리인 셈이지요.

그런데 과거 서구 세계에서 가장 중요한 역할을 했던 신학자들은 바울의 이 말을 그 본래의 맥락인 공동체적 의의가 아니라, 그들 자신이 처해 있던 인간 실존의 측면에서 이해했습니다. 성 어거스틴(St. Augustine)은 모든 인간의 원초적인 죄책감을 극복할 수 있는 하나님의 은혜로 이신칭의를 정의 내렸고, 종교개혁자 마르틴 루터는 당시 로마가톨릭의 공로주의적 사상을 바울이 이야기한 '율법의 행위'로 보았지요. 그래서 인간의 그 어떤 선행이 아니라, 오직 예수 그리스도의 십자가로만 구원받는다는 진리로서 이신칭의를 재발견했습니다.

물론 둘 다 칭의라는 개념에 내포된 귀한 진리들입니다. 하지만 바울이 처음 칭의를 선언한 맥락과는 조금 맞지 않는, 지나치게 개인구원사적 의미로 이해된 경향이 있음을 부인할 수 없습니다. 오늘날 이신칭의, 곧 '믿음으로 의롭다 하심을 얻는다'는 말을 생각할 때 대부분의 신자들은 그것을 예수님의 은혜로 하나님께 받는 '나의' 구원이라고만 생각합니다. 이러한 부족한 이해가 이전 세대 서구 신학의 한계에서 비롯되었음을 겸손히 인정할 필요가 있습니다.

칭의는 개인 구원에 관한 이야기만이 결코 아닙니다. 안디옥 사건을 통해 바울이 말하고자 하는 바는 믿음으로 나 혼자 하나님 앞에 의롭다 하심을 받는 것이 아니라, 예수 그리스도를 향한 믿음을 통해 우리 모두가 유대인과 이방인의 구분 없이 하나의 교회로 함께 의롭다 하심을 얻는다는 것입니다. 이신칭의는 '오직 믿음'으로 우리 안에 그 어떤 구분과 차별도 존재하지 않는 하나의 교회, 하나 된 하나님의 백성이 창조되었다는 선언입니다.

| 칭의의 본래 의의 |

어거스틴

이신칭의란 죄의 문제를
스스로 해결할 수 없는
우리 인간에게 부어 주시는
하나님의 은혜

마르틴 루터

이신칭의란 로마가톨릭의
인간 공로주의적 사상에 맞서서
오직 예수님의 공로로
구원받는다는 진리

이신칭의란 유대인과 이방인을 구분하는
그 어떤 종교적 표지들(율법의 행위)이 아닌,
오직 예수 그리스도의 십자가 사건과 부활에 대한 믿음만으로
누구든지 하나님의 백성이요 교회가 될 수 있다는 선언

그렇다면 우리를 구분하고 차별하게 만드는 반(反)복음적인
요소, 예수님이 허무셨던 유대인과 이방인 사이의 벽을 다시 세
우고 서로 하나 되지 못하게 만드는 것은 대체 무엇일까요?

■ 율법은 믿음의 정반대인가?

'율법의 행위'에 관한 성령의 증언

바울은 갈라디아 지역의 교회에 보낸 이 편지에서 그 반복음적인 요소를 가리켜 '율법의 행위'라고 말합니다. **"내가 너희에게서 다만 이것을 알려 하노니 너희가 성령을 받은 것이 율법의 행위로냐 혹은 듣고 믿음으로냐"**(갈 3:2). 이어지는 5절에서도 바울이 '율법의 행위'와 '듣고 믿음'을 서로 상반된 개념으로 대조하고 있음을 볼 수 있습니다. 그렇다면 율법은 복음과 대척점에 있는 것일까요? 율법은 적그리스도적인 것일까요?

많은 분이 경험했겠지만, 어렸을 때 교회에서 이런 내용의 설교 혹은 가르침들을 정말 자주 들었습니다. 율법은 불완전하고 복음은 완전하며, 율법은 죄만 드러내고 복음은 그 죄를 덮는다는 식의 이야기들 말이지요. 그러니까 율법과 복음은 정확히 반대편에 서 있는 것처럼 묘사되곤 했습니다.

하지만 이미 여러 차례 살펴보았듯이, 바울은 율법 자체를 부정하는 것이 아닙니다. 바울이 '율법의 행위'라고 부르는 것은 하나님이 이스라엘 백성에게 언약과 더불어 주셨던 율법 전체가 아닙니다. 오히려 하나님 나라의 법에서 그 정신과 핵심만 쏙 빼놓고 특정한 행위와 관습에만 집착하게 만들어서 율법의 본래 의도인 사랑과 거룩을 완전히 왜곡시켜 버리는 악한 죄, 바울 당시에는 '유대주의'라고 불렸던 바로 그 왜곡된 신앙을 가리킵니다.

바울은 유대주의자들이 주장하는 율법의 행위들, 즉 유대인이 되기 위해 할례를 받고, 음식법을 지키고, 안식일을 엄격하게 준수하는 행동 따위가 복음의 핵심이 아니라는 사실을 갈라디아의 신자들에게 재차 강조합니다. 게바가 이전에 안디옥에서 범했던 잘못은 많은 이방인 그리스도인들로 하여금 율법의 행위가 복음과 구원에 필수적인 요소인 것처럼 오해하게 만들었지만, 바울은 절대로 그렇지 않다는 것을, 즉 십자가의 예수 그리스도를 향한 믿음만 있다면 누구든지, 할례 받지 않은 사람도 하나님의 백성이 될 수 있다는 사실을 힘주어 이야기한 것이지요.

율법의 행위들을 따르지 않아도 하나님 앞에서 의롭다 하심을 얻을 수 있는 결정적인 증거로서 바울은 갈라디아의 신자들에게 바로 성령의 역사하심을 들어 변증합니다. 그것이야말로 사실 가장 확실한 증거였기 때문입니다.

"너희가 이같이 어리석으냐 성령으로 시작하였다가 이제는 육체로 마치겠느냐 너희가 이같이 많은 괴로움을 헛되이 받았느냐 과연 헛되냐 너희에게 성령을 주시고 너희 가운데서 능력을 행하시는 이의 일이 율법의 행위에서냐 혹은 듣고 믿음에서냐" (갈 3:3-5). 바울은 처음 그가 갈라디아 지역의 사람들에게 복음을 전하고 그들을 회심시켰을 때 일어난 놀라운 표징들, 즉 성령의 역사에 대해 상기시켜 줍니다. 갈라디아의 신자들은 자신들에게 일어난 성령의 역사, 그것이 격렬한 은사로 나타났든지 혹은 평온하면서도 절대 막을 수 없는 마음의 돌이킴으로 임했든지 간에 그 놀라운 체험들을 기억하고 있었습니다. 우리 역시 마찬가지로, 성령의 일하심과 그로 인해 나타난 존재적 변화는 결코 잊을 수가 없는 일들이지요.

여기서 '이같이 많은 괴로움'으로 번역된 말은 굉장히 난해한 대목입니다. 적지 않은 수의 학자들은 '괴로움'으로 번역된 단어가 오히려 긍정적인 어떤 '격렬함'으로 번역될 수도 있다고 주장합니다. 그것이 어떤 긍정적인 변화든, 아니면 어떤 박해나 고통이든 이 구절이 성령의 역사하심과 그 체험을 이야기하는 문맥에 있다는 점을 미루어 볼 때, 그것은 아마도 성령 하나님으로 인해 갈라디아의 신자들이 각자 갖게 된 영적이고 정신적인 경험을 가리키는 말이겠지요.

바울은 이처럼 갈라디아의 신자들이 복음을 받아들이는 과정과 그들이 성령 하나님을 알게 된 경위에는 사실 그 어떤 율법의 행위도 존재하지 않았다는 점을 지적합니다. 그렇다면 결론은 너무나 간단하게 나오지요. 성령을 받는 데 율법의 행위는 전혀 필요하지 않습니다. 하지만 예수 그리스도의 십자가 사건과 그분이 나의 주님 되심을 믿는 것은 반드시 필요합니다. 할례, 음식법 등은 하나님의 백성이 되는 것과는 하등 관계가 없는, 그저 종교적인 관습과 행위에 불과함을 다름 아닌 성령이 증언하시는 것입니다.

율법의 행위가 지닌 유혹의 위력

그렇다면 왜 갈라디아 지역의 신자들은 유대주의자들, 곧 거짓 교사들의 유혹에 그토록 쉽게 넘어갔을까요? 복음을 듣고 믿음으로써 성령 하나님을 만나고 그분께 강렬하게 사로잡혔던 성도들이 어떻게 그토록 쉽게 유대주의자들의 거짓된 가르침에 미혹당한 것일까요?

역설적이게도 그 이유는 갈라디아의 신자들이 그만큼 하나님을 깊이 사랑하고 경외했기 때문입니다. 유대주의자들은 바로 그점을 파고들었습니다. 만일 이방인으로 태어난 그들이 할례까지 받고 율법을 지킨다면 지금보다 더욱 탁월하고 완벽한 하나님의 백성이 될 수 있다는 식으로 그들을 꾀었던 것이지요.

이방인으로 태어나 복음을 접하고 그리스도인이 된 사람들은 이전에 그들이 믿었던 그리스-로마의 다신교 체제에 익숙해 있었습니다. 그들이 살고 있는 그리스-로마 세계는 매우 종교적인 세계관의 지배를 받고 있었지요. 어쩌면 오늘날 한국인들이 무속신앙의 영향을 받는 것보다 더욱 심하면 심했지 모자라지는 않았을 것입니다.

그렇게 살아온 사람들이니만큼 '신에게 무언가를 드리는 헌신적 행위는 신앙생활에 필수불가결한 요소'라는 생각을 당연하게 여겼으며, 다른 어떤 행위 없이 오직 믿음으로 하나님의 백성이 될 수 있다는 바울의 가르침보다는 할례라도 받아야 하나님의 참된 백성이 될 수 있다는 거짓 가르침에 더 쉽게 혹할 수밖에 없었던 것입니다. 눈에 보이지 않는 하나님을 믿기보다는 눈에 보이는 신전의 여러 우상들을 믿는 것이 인간에게는 훨씬 편리하듯, 눈에 보이지 않는 믿음의 능력보다는 무언가 가시적인 효과를 지닌 이런저런 율법의 행위들이 신앙적으로 더 탁월해 보인다는 점도 한몫했을 테고요.

이처럼 율법의 행위가 지닌 유혹의 위력은 대단합니다. 율법은 그것을 지킨 자들로 하여금 종교적 만족감과 더불어 그 규정들을 지키지 않는 이들에 비해 자신은 더 나은 신자라는 은근한 우월의식을 제공해 줍니다. 그러면서 자동적으로 율법의 행위들은 그것을 지키는 자들과 지키지 못하는 자들 사이에 선을 그어 버립니다. 신앙이라는 숭고한 가치에 바탕을 두고 있지만, 결국 사람들을 갈라놓고 차별하게 만드는 결과를 낳고 말지요. 이는 치명적인 유혹인 동시에 위험입니다.

율법의 행위가 더욱 무서운 이유는 그 무엇이든 '율법'이 될 수 있다는 사실 때문입니다. 심지어 오늘 우리가 '믿음'이라 부르는 것조차도 말입니다. 이 말이 무슨 의미입니까? 우리가 '나는 믿음이 있는 사람이고, 너는 믿음을 아직 갖지 못한 사람이다'라고 누군가를 차별하고 정죄하는 순간, 우리의 믿음조차 율법의 행위가 되어 버릴 수 있다는 무시무시한 의미입니다. 신앙의 색깔이나 전통을 가지고 타인을 함부로 판단하는 일뿐만 아니라 믿음의 소유 여부에 입각해 사람을 차별하기 시작한다면, 우리는 21세기 유대주의자들이 되고 만다는 뜻이지요.

사도 바울이 말하는 믿음이란 단순히 아무런 행위 없는 지적 활동 따위가 아닙니다. 만일 믿음을 예수님에 대한 지적인 동의 정도로 여기고, 내 믿음의 결이나 색깔과 단 1%만 차이를 보여도 상대를 정죄하고 멸시한다면, 그 믿음이 바로 내 율법의 행위가 될 수 있습니다. 다시 말하지만, 율법의 행위는 특정한 행동이 아닙니다. 예수 그리스도 외에 다른 그 무엇을 믿음의 척도로 삼는 모든 시도가 율법의 행위이며, 예수님을 믿는 고백과 삶 이외에는 어떤 것도 우리 신앙의 준거가 될 수 없다는 것이 바로 갈라디아서의 가르침입니다.

■ 아브라함도 믿음으로 구원받음

누가 아브라함의 자손인가?

바울은 신자들이 성령 하나님을 율법의 행위로써가 아닌 오직 믿음으로 만날 수 있다는 변증을 마친 후 곧바로 유대인들의 조상인 아브라함 이야기로 나아갑니다. 바울이 칭의, 곧 하나님께 의롭다 하심을 얻는다는 이 개념과 관련해 다른 누구도 아닌 아브라함을 언급하는 이유는 간단합니다. 유대인들, 특별히 가장 극렬한 유대주의에 빠져 있는 이들이 자신들의 혈통적 조상으로 아브라함을 꼽았기 때문입니다. 보수적인 유대인들은 스스로를 아브라함의 자손으로 규정하기를 좋아했지요. 아브라함의 후손이라는 사실에 엄청난 자부심을 갖고 있던 유대주의자들의 주장을 타파하기 위해 바울은 모든 유대인의 조상인 아브라함조차 율법의 행위가 아니라 바로 믿음으로 하나님께 의롭다 하심을 얻었음을 변증하기 시작합니다.

바울은 아브라함이 처음 하나님의 부르심을 받은 순간으로 이야기를 이끌어 갑니다. **"또 하나님이 이방을 믿음으로 말미암아 의로 정하실 것을 성경이 미리 알고 먼저 아브라함에게 복음을 전하되 모든 이방인이 너로 말미암아 복을 받으리라 하였느니라"**(갈 3:8). 바울은 창세기에서 하나님이 아브라함을 부르신 가장 결정적인 목적이 아브라함의 혈통적 후손인 유대인들에게만 복을 주시기 위함이 아니라, 아브라함과 그의 자손들을 통해 '온 열방'에 하나님의 복을 주시기 위함이었노라고 강변합니다.

처음 아브라함이 하나님의 선택을 받은 것은 그가 율법의 어떤 행위를 지켰기 때문이 아니었습니다. 아니, 갈대아 우르 사람이었던 아브라함은 오히려 하나님의 존재조차 제대로 몰랐던 사람이었지요. 그랬던 아브라함을 부르신 것은 오직 하나님의 은혜, 그 어떤 종교적 행위에 따른 보상이 아니라 그저 부르시고 당신의 백성 삼으시는 하나님의 초월적인 자비였습니다.

유대인들은 자신들이 아브라함의 후손이기에 할례를 받음으로써 하나님의 백성이라는 지위를 얻거나 지킬 수 있다고 착각했지만, 사실 아브라함이 할례를 받은 것은 하나님의 부르심을 따라 가나안 땅에 들어온 지 무려 25년 정도가 지난 시점의 일이었습니다. 그는 할례를 통해 하나님의 백성이 된 것이 아니라, 하나님의 백성이라는 표징으로서 할례를 시행한 것입니다.

바울은 할례가 신앙의 핵심이 아니라, 하나님의 언약을 '믿은 것'이야말로 신앙의 출발점이며 핵심임을 변증합니다. 아브라함이 자신을 통해 온 열방이 하나님께 돌아올 것을 믿음으로써 신앙의 조상이 된 것처럼, 이제 예수 그리스도 안에서 이 믿음을 소유하는 사람은 그의 혈통이나 출신이나 성별이나 소유의 많고 적음에 관계없이 누구든 아브라함의 자손이며 하나님의 백성인 것입니다. "이는 그리스도 예수 안에서 아브라함의 복이 이방인에게 미치게 하고 또 우리로 하여금 믿음으로 말미암아 성령의 약속을 받게 하려 함이라"(갈 3:14).

예수님이 율법의 모든 저주를 속량하심

바울은 아브라함을 통해 믿음이 핵심이라는 사실을 설명한 후, 유대주의자들이 그토록 강조하며 수많은 갈라디아 지역의 신자들을 미혹에 빠뜨린 율법의 행위에 내재된 위험성에 대해 다시금 경고합니다. "무릇 율법 행위에 속한 자들은 저주 아래에 있나니 기록된바 누구든지 율법 책에 기록된 대로 모든 일을 항상 행하지 아니하는 자는 저주 아래에 있는 자라 하였음이라"(갈 3:10).

율법의 행위에 속하게 되면 왜 저주 아래 들어가게 될까요? '누구든지 율법 책에 기록된 대로 모든 일을 항상 행하지 않는 사람은 저주 아래에 있다'는 말은 또 무슨 뜻일까요? 보통 우리는 이 말씀을 '그 누구도 모든 율법 조항을 완벽하게 지킬 수 없기에 율법을 기준 삼으면 아무도 구원을 얻을 수 없다'고 이해합니다. 하지만 이것은 완전한 설명은 아닙니다. 왜냐하면 바울 자신이 놀랍게도 율법의 모든 행위를 지키는 데 있어서 자신 있었던 인물이기 때문입니다. 빌립보서 3장 4-6절에서 바울은 이렇게 고백했습니다. "그러나 나도 육체를 신뢰할 만하며 만일 누구든지 다른 이가 육체를 신뢰할 것이 있는 줄로 생각하면 나는 더욱 그러하리니 나는 팔 일 만에 할례를 받고 이스라엘 족속이요 베냐민 지파요 히브리인 중의 히브리인이요 율법으로는 바리새인이요 열심으로는 교회를 박해하고 율법의 의로는 흠이 없는 자라."

여기에서 '육체'라는 말은 갈라디아서의 '율법의 행위'와 거의 비슷한 의미로 사용된 단어입니다. 지금 바울은 유대주의자들을 향해 만일 율법의 행위를 기준 삼는다면 바울 자신이야말로 그 누구에게도 밀리지 않을 탁월한 신앙인임을 자신 있게 말한 것입니다.

하지만 누구보다 훌륭한 바리새인이었던 사도 바울은 율법의 행위를 기준 삼지 않았습니다. 왜냐하면 그 누구보다 치열하게 율법을 지키며 살아온 바울 본인이 가장 잘 알았기 때문입니다. 율법의 행위를 지키며 사는 것은 하나님을 사랑하고 그분을 경외하며 기쁨으로 신앙생활을 하는 것이 아니라는 사실을 말이지요. 매 순간 남과 나 자신을 비교하며 집착하고, 또한 지키지 못하는 율법들에 대한 강박적인 두려움에 시달리며 평생을 감옥에 갇힌 듯 살아가는 일그러진 종교인의 삶일 뿐이라는 진실을 말입니다.

율법의 행위가 정말 무서운 이유는 무엇일까요? 그것이 우리를 끝없는 경쟁과 비교, 다른 사람들에 대한 우월의식이나 자기 비하로 몰아넣는 영적인 블랙홀과 같기 때문입니다. 바울은 누구보다 탁월한 바리새인의 삶을 살았던 사람이기에 그 점을 더 잘 알았습니다. 그의 평생에 이는 당연하게 받아들여졌습니다. 끝없이 비교하며 조금이라도 너 율법의 행위에 완전해지는 삶, 그럼으로써 이방인들을 개 취급하고, 같은 유대인들 사이에서도 율법을 잘 준수하는 사람이 더욱 탁월한 바리새인으로 인정받는 상황은 이전의 바울에게는 매우 당연한 일이었지요. 그랬던 바울에게 감당 못할 충격으로 다가온 사건이 발생합니다. 그것은 십자가에서 죽으신 예수님을 만난 순간입니다.

유대인의 율법에 의하면 '나무에 달린 자'는 하나님의 저주를 받은 존재였습니다(신 21:23). 바울은 이 사실을 너무나 잘 알고 있었습니다. 그런 그는 십자가에 달려 죽으신 예수님을 다메섹 도상에서 만나는 신비로운 체험을 했을 때 그분의 압도적인 영광에 엎드리면서도, 마음 한편으로는 율법이 정해 둔 저주와 예수님의 영광 사이에, 즉 '나무에 달려 죽음으로써 하나님의 저주 아래 있어야 하는 이가 오히려 하나님의 아들이시라는 사실에' 나타나는 기가 막힌 모순에 대해 미치도록 궁금했을 것입니다.

심지어 예수님을 처형할 것을 결의한 유대 종교 지도자들의 법적 근거 역시 율법에서 비롯된 것이었지요. 다시 말하자면, 예수님은 율법에 의해 사형 선고를 받으셨고, 율법에 의해 저주받은 존재로 취급되셨습니다. 하나님의 율법 그 자체이신 하나님의 아들이 율법에 의해 정죄당하고 율법의 저주 아래 놓인 자가 되신 것입니다.

아마 바울은 회심 이후 수년 동안 이 문제를 붙들고 씨름했을 테고, 구약 성경을 처음부터 끝까지 몇 번이고 다시 되짚어 보며 묵상했을 것입니다. 그리고 마침내 깨달았지요. 하나님의 아들이신 예수님이 십자가에서 죽으심으로써 모든 인간이 놓여 있던 율법의 저주를 '속량'해 버리셨다는 것을 말입니다.

'속량'이라 번역된 헬라어 '엑사고라조'(ἐξαγοράζω)는 '값을 지불하다'라는 의미입니다. 그 말대로 예수님은 자신의 생명을 내어 줌으로 모든 율법의 저주들에 대하여 값을 지불하셨습니다. 그리고 하나님은 타인을 판단하고 정죄하는 도구인 율법의 행위가 아니라, 예수님을 따라 그분의 희생과 낮아짐, 죽음까지 불사하는 사랑의 삶을 사는 것이 참된 의로움이라는 사실을 세상에서 가장 놀라운 기적을 통해 보여 주셨습니다. 그것은 바로 율법의 모든 저주와 자연 법칙의 절대성마저 극복한 역사상 최고의 표적, 예수 그리스도의 부활입니다!

십자가 복음 앞에 율법의 행위는 무의미

예수 그리스도의 십자가 죽음, 그리고 부활을 통해 계시된 하나님의 복음은 율법의 행위들을 가지고 서로 비교하며 차별하던 모든 유대인과 이방인들을 부끄럽게 만들었습니다.

간단한 예를 들어 보겠습니다. 1과 10이라는 두 개의 숫자가 있습니다. 둘 중 어느 것이 더 클까요? 당연히 10이 더 큽니다. 만일 하나님을 아예 모르고 율법도 몰랐기에 거룩은커녕 음란하고 방자하게 살아가는 이방인의 상황이 1이라는 수와 같다면, 구약 성경을 소유하고 있고 이런저런 율법의 행위들을 신실하게 지키며 살아가는 유대주의자의 상황은 어쩌면 10 정도 된다고 볼 수 있습니다. 그런데 여기에 변수가 하나 생깁니다. 1과 10이 서로 비교하는 와중에 '무한대'가 그들 앞에 등장한 것이지요.

| 복음과 율법의 행위 |

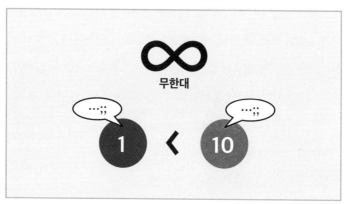

무한, 즉 끝없이 큰 수 앞에서는 1과 10의 차이가 의미 없어집니다. 1과 10은 무한대 앞에서 둘 다 0에 가까울 뿐입니다. 아니, 어쩌면 0과 별 차이 없는 비루한 수로 전락하게 되지요. 예

수님이 우리를 십자가에서 속량하신 일은 이제 하나님의 무한한 은혜가 우리 앞에 왔음을 의미하는 사건입니다. 그 앞에서 유대인과 이방인의 차이가 의미가 있을까요? 남성과 여성, 주인과 종이라는 당시의 사회적 위치 같은 것이 의미가 있을까요? 10이 1을 향해 "그래도 내가 너보다 훨씬 크다"고 말할 수조차 없는 상황이 도래했습니다. 그리스도의 십자가 사건은 바로 그러한 의미를 담고 있지요.

예수 그리스도가 십자가에서 우리를 속량하신 사건을 곰곰이 묵상해 봅시다. 이는 우리에게 하나님이 무한한 사랑을 부어 주신 사건이고, 한편으로는 유대인과 이방인 사이에 존재하던 차이들을 모두 무의미하게 만들어 버린 사건입니다. 오늘날 우리는 혹시 교회 안팎에서 '내가 1일까, 10일까?'를 아직 따지며 살고 있지는 않습니까? '내가 저 사람보다는 좀 더 의로워야 한다'는 비교의식이 우리 신앙생활의 목적이 되어 버렸거나, '내가 저 비신자보다는 의롭다'는 오만함이 종교적 만족감을 제공해 주고 있지는 않습니까? 어느새 우리는 무한대와 같은 십자가 복음의 능력, 나와 저 사람 사이의 그 어떤 차이마저 무색하게 만들어 버리는 하나님의 초월적인 사랑과 자비는 잊어버린 채 10이라는 목표치에 도달하기 위해 헛된 율법의 행위들을 만들어 내고는 그것들을 좇고 있지는 않나요?

주 예수님의 복음을 통해 받은 성령과 그로 인해 얻은 새 삶을 온전히 누리십시오. 십자가 안에서 얻은 진리의 자유함을 인간이 만들어 낸 율법의 행위들에게 빼앗기지 마십시오. **"진리를 알지니 진리가 너희를 자유롭게 하리라"**(요 8:32)라고 주님은 말씀하셨습니다. 바울은 복음을 가리켜 자유의 복음이라 선포했습니다. 이신칭의, 즉 '믿음으로 하나님의 의롭다 하심을 얻는다'는 기독교의 핵심 진리는 하나님의 사랑이 개인적 차원에서가 아니라, 우리 모두, 곧 유대인과 이방인 혹은 신자와 비신자 그 누구에게나 열려 있다는 가장 위대하고 복된 소식입니다. 그 앞에서는 우리의 그 어떤 헌신이나 잘남도, 뛰어난 은사조차도 무의미합니다. 하나님 앞에서는 그 누구도 율법으로 말미암아 의로워질 수 없고, 오직 의인은 믿음으로 살 것이기 때문입니다(롬 1:17).

■ 믿음 위에 역사하시는 성령

근현대 교회의 역사 중 미국 교회사에 관심이 있다면 '아주사 거리 성령 부흥 사건'에 관해 들어 보았을 것입니다. 윌리엄 조셉 시무어(William Joseph Seymour) 목사가 로스앤젤레스의 아주사 거리에서 목회를 하다가 그곳에 엄청난 성령의 역사와 이적들이 나타나면서 폭발적인 부흥 운동이 일어난 일이지요.

보통 아주사 거리의 성령 임재 사건에 관해 이야기하면 가장 크게 회자되는 부분이 방언(외국어)과 이적들에 관한 기록들입니다. 무수히 많은 사람이 방언을 받았고, 심지어 자신이 받은 방언을 사용하는 지역으로 즉각 선교를 떠나기도 했습니다. 중국어 방언을 받은 사람은 중국 선교사로, 힌디어를 방언으로 받은 사람은 인도 선교사로 가는 식이었습니다.

사람들은 이 성령 운동을 당시 침체기에 빠져 있던 세계 기독교에 다시 활력을 불어넣은 획기적인 부흥 사건으로 기억합니다. 그리고 그 대표적인 상징은 방언이라 보고요. 오늘날 한국교회에서 방언의 은사를 중요시하는 것은 어쩌면 아주사 거리에서부터 출발한 전통으로도 볼 수 있는 것이지요.

하지만 아주사 거리의 폭발적인 성령 임재 당시, 대부분의 사람들이 간과하거나 주의하지 않은 또 하나의 엄청난 기적이 있었습니다. 이 기적이야말로 방언이 대규모로 쏟아진 것보다 훨씬 더 놀랍고 위대한 사건입니다. 그것은 바로 부흥이 일어난 자리에서 흑인과 백인, 아시아인 등 인종적 차별이 완전히 사라졌던 현상입니다. 이는 당시로서는 상상조차 할 수 없는 일이었지요.

이때 미국에는 '짐 크로우 법'(Jim Crow laws)이 있어서 공공장소에서 백인과 유색인종이 함께 앉을 수 없었습니다. 당시의 미국 사회를 배경으로 한 영화 등에서 쉽게 접할 수 있듯, 버스를 비롯한 대중교통 수단에는 흑인들을 분리해 차별하기 위한 별도의

좌석이 설치되어 있었습니다. 그런데 아주사 거리에 성령 하나님
이 강하게 역사하시자 그곳에 존재하던 모든 인종적 차별들이 일
순 사라져 버렸습니다.

　　이 사진은 아주사 거리 교회의 사역자들이 함께 모여 찍은 사
진입니다. 흑인 담임목사와 백인 부교역자들이 보입니다. 이 광
경은 교회조차 백인들의 교회와 유색인종들의 교회가 별도로 구
분되어 있던 당시로서는 상상도 할 수 없던 것이지요. 당시 성령
의 역사는 단순히 방언과 선교에 국한되지 않았습니다. 인간과
인간 사이에 존재하는 증오와 차별의 장벽을 무너뜨리는 하나님
의 위대한 능력을 가감 없이 보여 주는 현상이 20세기가 시작될
때 일어난 성령의 놀라운 역사 그 중심에 있었던 것입니다.

바울은 율법의 행위가 아니라, 듣고 믿음으로 성령을 받는다고 말했습니다. 다시 한 번 강조하지만, 율법의 행위, 그리고 믿음은 단순히 개인 구원의 방법론들이 아닙니다. 율법의 행위는 유대인과 이방인을 날카롭게 구분하며, 더 나아가 모든 인간으로 하여금 나와 다른 누군가를 차별하고 비교하게 만드는 분열의 울타리입니다. 반면에 듣고 믿음으로 복음을 깨닫는 것은 내가 아무리 잘난 사람이라도 그리스도의 십자가 앞에서는 내가 생각하는 가장 못난 사람과 하등 차이가 없음을 믿고 인정하는 것입니다. 나와 너 사이에, 우리와 하나님 사이에 사랑의 다리를 놓는 것입니다.

자신을 숨기기를 좋아하시는 성령 하나님은 당신의 기적과 은사들을 드러내실 때 반드시 예수 그리스도를 증거하십니다. 아주사 거리에서, 1907년에 평양에서, 오래전 오순절에 예루살렘에서 자신을 드러내셨던 성령 하나님은 항상 그 자리에 있던 모두를 하나님의 하나 된 백성으로 만드셨습니다. 서로 간에 존재하던 반목이 사라지고 차별과 미움이 쫓겨나는 역사가 바로 성령의 임재하심이었습니다. 그러므로 믿음은 성령이 임재하시게 만들고, 성령은 복음의 하나 되는 역사를 만들어 내십니다.

오늘날 이 땅에 성령의 강렬한 역사가 더 이상 일어나지 않는 이유가 무엇일까요? 예수 그리스도의 십자가 앞에 너와 내가 손을 맞잡고 하나 되는 믿음이 아니라, 각자의 신학적, 정치적 기준과 서로 다른 생각들을 내세워 다른 이를 밀어내고 차별하는 율법의 행위들이 우리 안에 만연해 있기 때문이 아닐까요? 이 땅의 모든 교회가 율법의 행위가 아닌 듣고 믿음으로, 유대인과 이방인 사이의 벽을 허물고 원수를 친구 되게 만드시는 그리스도의 십자가 복음으로 새롭게 거듭날 수 있기를 간절히 소망합니다. 지금도 하나님은 율법의 행위를 지키는 종교인이 아니라, 보는 눈과 듣는 귀를 열어 겸손히 듣고 믿음으로 성령의 임재하심을 기다리는 당신의 백성들을 찾으십니다. 우리 모두 그 백성으로 살아갈 수 있기를 기도합니다.

▎핵심 요약 ‖‖

- 칭의는 유대주의 공격에서 교회를 지키는 교회론적 교리
- 율법의 행위가 무서운 이유는 믿음조차 '율법'이 될 수 있어서
- 반목은 사라지고 차별과 미움은 쫓겨나는 역사가 바로 성령의 임재
- 성령 체험은 율법의 행위가 아니라 복음을 듣고 믿음으로

▎핵심 단어 ‖‖

- 칭의, 교회론, 성령, 율법으로부터의 속량, 무한대 같은 십자가 복음

적용

1. 바울은 갈라디아의 성도들이 성령 하나님의 임재를 체험하게 된 계기 가 율법의 행위를 지킴으로써였는지, 아니면 복음을 듣고 믿음으로써 였는지를 따져 물었습니다. 그리고 율법의 행위를 지켜 구원 얻고자 하는 '다른 복음'에 빠지는 것이 과연 성령 하나님의 뜻인지 돌아보라 고 권면했습니다. 성령 안에서 시작된 신앙생활이 율법의 행위로 나아 가는 것은 얼마나 어리석은 일이냐면서 말입니다.
우리도 종종 이런 함정에 빠지기에 그리스도 안에서 맛보았던 '처음 사 랑'을 날마다 회복하려는 노력이 필요합니다. 순수하고 정결한 마음으 로, 남에게 보이기 위한 율법의 행위가 아니라 하나님 앞에 정직하게 서서 자유와 감사를 누리는 성령의 삶으로 돌아갑시다.

2. 성령 하나님이 역사하시는 표징을 단순히 뜨겁고 광신적인 신비 현상 에만 국한시켜서는 안 됩니다. 눈에 보이는 것만으로 성령의 일하심을 판단하려 들면 도리어 미혹의 영에게 속을 수 있습니다. 성령이 교회를 사로잡으실 때 그곳에서 일어나는 가장 강력한 역사는 예수님에 대한 뜨거운 사랑과 더불어 지체들 간의 화평, 하나 됨입니다. 율법의 행위 가 갈라놓은 사람과 사람 사이의 장벽들이 무너지고 '오직 예수' 안에서 참된 사랑의 공동체로 성장하는 일이야말로 참된 성령의 역사입니다. 우리 교회에서는, 내가 속한 신앙 공동체에서는 이런 성령의 일하심 이 나타나고 있는지 돌아봅시다. 나이와 성별, 소유의 많고 적음을 떠 나 모두가 한 지체 되게 하시는 성령의 역사를 기도로 간청합시다.

나눔

1. 인간의 본성은 자꾸만 내가 무엇인가를 함으로써 하나님의 호의를 사고자 하는 유혹에 쉽게 넘어갑니다. 그리고 이런 노력과 공로를 쌓아가기 시작하면 반드시 성도들 간에 '누가 더 좋은 교인인가'를 둘러싼 경쟁 아닌 경쟁이 붙습니다. 이런 '신앙심 경쟁'에 낙심하거나 상처 입었던 적이 있습니까? 또 그것을 넘어서거나 극복하는 과정에서 하나님이 베풀어 주신 은혜는 무엇이었습니까?

2. 율법의 행위가 유대인들에게 상대적 우월감을 느끼게 해 준 것처럼, 오늘날 교회 안에서 신앙의 기준처럼 작동하는 여러 요소들(봉사, 헌신, 직분, 갖가지 종교적 행위들) 역시 그것을 지키고 수행할 경우 나를 더 괜찮은 신자, 더 나은 교인처럼 느끼게 합니다. 나 자신이 가장 큰 상대적 우월감과 만족감을 느꼈던 율법의 행위가 있다면 무엇인지 생각해 보고, 순수한 신앙을 구하는 기도를 드립시다.

율법을 넘어
그리스도께로

3:15-29

바울은 오히려 율법의 핵심 가치가
'차별 없는 사랑'에 있으며,
모든 인간을 섬기고 그들을 위해 희생하는
십자가의 죽음을 통해 이 가치를
가장 극명하게 실천하신 분이 바로
그리스도 예수라고 선언합니다.

III

▨ 율법이 아니라 약속

아브라함 언약 성취는 율법 아닌 그리스도

사도 바울은 아브라함의 이야기를 기반으로 하나님의 약속과 믿음에 관한 논의를 좀 더 이어 나갑니다. 먼저 그는 사람과 사람 사이에 맺는 언약이라도 그것을 가볍게 여기지 않음을 지적하면서, 하나님이 아브라함에게 주신 언약은 절대로 그 내용과 핵심이 변하지 않는다고 힘주어 말합니다. 또한 아브라함에게 주신 하나님의 바로 그 약속은 하나님이 아브라함과 그를 통해 세상에 오게 될 '자손', 직역하자면 '아브라함의 씨'를 통해 이루어질 것이라 예고하셨다고 선언합니다. 아브라함의 '자손들'이 아니라 아브라함의 '자손', 곧 한 존재에 의해 성취될 것이라고 말이지요.

실제로 바울이 인용했을 것으로 여겨지는 당시의 구약 성경, 곧 헬라어로 기술된 구약 성경인 70인역 성경에서는 창세기 17장 7-8절에 나오는 '아브라함의 자손'에 대해 복수형이 아니라 단수형을 취하고 있습니다. 바울은 이에 착안해서 바로 그 자손이 예수 그리스도시라고 말합니다. 하나님이 아브라함에게 주셨던 약속, 온 열방을 하나님의 백성으로 돌아오게 하겠다는 가슴 벅찬 언약이 바로 아브라함의 '그 자손'이신 예수님을 통해 이 땅 가운데 성취되었다고 선언한 것입니다. **"이 약속들은 아브라함과 그 자손에게 말씀하신 것인데 여럿을 가리켜 그 자손들이라 하지 아니하시고 오직 한 사람을 가리켜 네 자손이라 하셨으니 곧 그리스도라"**(갈 3:16).

"아브라함의 언약을 성취하는 존재가 바로 예수님이시다"라는 사도 바울의 선언은 오늘 우리가 읽을 때는 별 감흥 없이 받아들일 수 있는, 어쩌면 매우 당연해 보이는 진술입니다. 하지만 십자가에서 죽으시고 부활하신 예수님이 단순히 메시아이시기만 한 것이 아니라 '대체 어떤 식으로, 어느 부분들에서 구약의 이야기들과 긴밀하게 연결되는지'에 관한 뜨거운 토론과 논쟁들이 오가던 초대교회에서 이 말은 매우 획기적인 선언이었습니다. 갈라디아서가 쓰인 시기는 복음서들이 본격적으로 완성되고 회람되기도 전이었기 때문에, 예수님이 다윗의 후손이자 아브라함의 자손이시라는 마태복음의 선언보다도 더욱 빠른 신학적 발견이었던 것이지요.

부활이라는 초유의 사건을 경험한 사람들은 좋든 싫든 죽음을 이긴 존재이신 예수님을 메시아로 받아들일 수밖에 없었습니다. 하지만 예수님의 정체성에 대해서는 아직 통일된 신학적 견해들이 완벽하게 정립되기 이전의 시기였지요. 그때 바울이 거의 처음으로, 예수님과 아브라함의 직접적 연관성을 지적한 것입니다. 이것은 당시의 신자들, 특히 유대인으로서 신자가 된 사람들에게는 매우 충격적인 선언이었습니다. 그들이 신앙의 조상이라 믿어 의심치 않는 아브라함과 하나님 사이에 이루어진 언약이 예수 그리스도를 통해 성취되었다는 말은 하나님의 백성이라는 특유의 지위가 율법을 통해 지속된다는 당시 많은 유대인의 신앙을 정면으로 반박한 것이기 때문입니다.

율법과 예수님 사이의 모순

사도 바울은 하나님의 의롭다 하심을 얻고 그분의 백성이 되는 일, 곧 우리가 '구원'이라고 부르는 사건에 관해 아브라함에서 율법으로, 그리고 율법에서 예수님으로 이어지는 논증을 펼친 것이 아닙니다. 오히려 그는 율법을 건너뛰고, 아브라함에서 예수님으로 즉각 연결시켜 버렸습니다. 이것은 당대의 많은 유대인이 상상조차 할 수 없었던 논증이었습니다. 당시 수많은 유대교 종파들이 있었지만 대부분은 하나님의 거룩한 법인 율법과 메시아(그리스도)의 관계를 떼려야 뗄 수 없는 관계로 여기고 있었기 때문입니다. 메시아는 이스라엘 민족이 꿈꾸는 가장 이상적인 구원자, 왕이라고 유대인들은 기대하고 있었기에, 동시에 메시아는 가장 유대인스러운 유대인이 되어야 한다고 그들은 확신하고 있었습니다. 그래야 세상에서 유일한 하나님의 백성인 유대 민족에게 위대한 승리를 가져다줄 수 있기 때문이지요.

하지만 5강에서 언급한 것처럼, 예수님은 오히려 그 율법에 의해 기소당하셨고 율법을 내세운 유대인들에 의해 십자가에 못 박혀 죽으셨습니다. 한 발 더 나아가서 율법은 그렇게 나무에 달린 자는 하나님의 저주 아래 있는 존재라고까지 명시하고 있습니다(신 21:23). 공교롭게도 예수님이야말로 당시 유대인들이 기대하던 메시아와는 가장 거리가 먼 존재가 되어 버리셨지요. 부활을 목도함으로써 나사렛 예수가 하나님의 아들이시라는 사실을 고백한 사도들과 여러 신자들 역시 율법과 예수님 사이에 존재하는 이 기가 막힌 모순을 극복하는 데 애를 먹을 수밖에 없었을 것입니다.

그런데 바울은 애초에 메시아는 율법을 완벽하게 이행하기 위해 온 존재가 아니라고, 기존의 상식과 신학을 완전히 뒤집어 버리는 논증을 펼칩니다. 오히려 율법보다 훨씬 이전에, 본문의 표현에 따르면 무려 430년 전에 이루어진 하나님과 아브라함의 '약속'을 이행하고 성취하기 위해 오신 분이 바로 메시아 예수님이시라는 것입니다. "내가 이것을 말하노니 하나님께서 미리 정하신 언약을 사백삼십 년 후에 생긴 율법이 폐기하지 못하고 그 약속을 헛되게 하지 못하리라 만일 그 유업이 율법에서 난 것이면 약속에서 난 것이 아니리라 그러나 하나님이 약속으로 말미암아 아브라함에게 주신 것이라"(갈 3:17-18).

이처럼 사도 바울은 율법이 예수님의 정체성을 결정짓는 것이 아니라, 훨씬 이전에 주어졌던 하나님의 언약이 그분의 정체성을 결정지었다고 담대히 선포합니다. 온전한 유대인으로서 완벽하게 율법에 종속된 삶을 살기 위해 오신 존재가 아니라, 온 열방을 차별 없이 하나님 품으로 인도하기 위해 오신 약속의 성취자가 바로 예수 그리스도이심을 갈라디아의 성도들과 유대주의자들 앞에서 공표한 것입니다.

■ 율법의 위치

율법의 원래 용도와 기능

율법을 지키거나 행함이 아니라 예수 그리스도를 믿음으로 하나님의 의롭다 하심을 얻는다는 진리, 유대인과 이방인을 서로 나누고 차별하게 만드는 율법의 행위가 아니라 오히려 원수 같았던 그 둘을 하나 되게 만드는 십자가의 사랑이야말로 기독교의 복음이라는 진리를 바울은 차근차근, 아주 세밀하고 설득력 있는 논증을 통해 설명해 나갑니다.

먼저 바울은 율법을 최상위에 두었던 유대주의자들의 가치체계가 결코 하나님 나라 본연의 것이 아님을 강변합니다. 아브라함을 통해 주어졌던 언약은 율법을 지키는 자와 지키지 않는 자를 갈라놓기 위한 용도가 아니었습니다. 하나님을 믿음으로 의롭다 하심을 얻었던 아브라함처럼, 온 열방이 믿음으로 하나님 앞에 나오게 하기 위한 약속이었지요. 아브라함이 그의 삶을 인도하신 하나님을 신실하게 믿음으로써 우리 신앙의 조상이 되었듯, 이제 그의 씨로 나타나신 하나님의 아들 예수 그리스도를 신실하게 믿음으로써 유대인이든 이방인이든 누구나 하나님의 백성이요 자녀가 될 수 있다는 점을 바울은 한 번 더 힘써 강조합니다. 하나님 나라에 들어가는 열쇠는 율법이 아니라 예수 그리스도라는 점을 명확히 한 것입니다.

여기서 한 가지 의문이 생깁니다. 그렇다면 유대인이 유대인 되게 만들어 주는 정체성이자 표지, 유대주의자들이 그토록 목을 매는 율법이란 대체 무엇일까요? 하나님의 구원 역사, 소위 '구속사'라 부르는 그 신비한 과정에 있어서 율법이 담당하고 있는 기능과 위치는 대체 어떤 것일까요? 우리가 어렸을 적 교회에서 숱하게 들었던 것처럼 율법은 단순히 복음의 반대 개념일까요? "율법으로는 구원에 이르지 못한다"는 말 한마디로 인해 율법은 마치 교회 밖으로, 성경 밖으로 내쫓겨야 할 그 무엇처럼 취급되어 왔는데, 이것은 정당한 취급일까요? 율법은 과연 무엇일까요?

이에 대해 바울은 19절에서 말합니다. **"그런즉 율법은 무엇이냐 범법하므로 더하여진 것이라 천사들을 통하여 한 중보자의 손으로 베푸신 것인데 약속하신 자손이 오시기까지 있을 것이라."** 그리고 21절에서 이어서 말합니다. **"그러면 율법이 하나님의 약속들과 반대되는 것이냐 결코 그럴 수 없느니라 만일 능히 살게 하는 율법을 주셨더라면 의가 반드시 율법으로 말미암았으리라."**

19절만 보면 율법은 마치 언약의 상속자이신 예수님이 오실 때까지만 유효한 것처럼 보입니다. 주님이 성육신하시면서부터 율법은 마치 폐기된 것인 양 오해될 소지도 있습니다. 하지만 우리는 예수님으로 인해 율법이 폐기 처분된 것이 절대 아님을 잘 알고 있습니다. **"내가 율법이나 선지자를 폐하러 온 줄로 생각하지 말라 폐하러 온 것이 아니요 완전하게 하려 함이라"**(마 5:17). 예수님 스스로 율법에 대해 하신 말씀이지요.

여기서 '율법이나 선지자'라는 표현은 사실 구약 성경 전체를 가리키는 완곡어법입니다. 하지만 그 안에 수록된 전반적인 율법 조항들 역시 다 포함한다고도 볼 수 있지요. 예수님은 그런 율법 조항들이 그분 자신으로 인해 폐기 처분되었다고 말씀하시지 않았습니다. 오히려 당신으로 인해 '완전해진다'는 의미심장한 말씀을 하셨습니다. 그것은 일단 율법이 복음의 반대편에 존재하는 개념이 결코 아님을 우리에게 알려 줍니다. 또한 율법이 무조건 부정적인 요소도 아니라는 사실을 보여 줍니다. 그래서 바울 역시 21절에서 율법이 하나님의 약속들과 반대되는 것은 아니라고 말했지요.

바울이 21절 하반 절에서 지적하듯, 만약에 율법으로 하나님의 의를 만족시킬 수 있었다면 우리 인간들에게는 하나님의 약속이나 메시아가 필요 없이 그저 율법만 있으면 됩니다. 하지만 처음부터 율법의 용도는 그것을 지켜서 하나님 앞에 의롭다 하심을 얻기 위함이 아니었습니다. 율법이 주어진 이유는 애굽이라는 거대한 우상의 제국에서 탈출한 히브리 민족을 이스라엘이라는 하나님의 백성으로 빚어 가기 위해서였습니다. 애굽의 사고방식과 사상을 삭제하고 하나님 나라의 거룩한 백성으로 살게 하기 위해 주신 것이 바로 율법이었지요. 그러므로 율법은 그것을 통해 하나님 앞에서 의롭다 하심을 얻기 위함이 아니라, 무엇이 정결함이고, 무엇이 정결하지 않은 것인지를 구분하는 기준으로 주어졌습니다. 그들이 애굽에 속했던 존재들이며 하나님의 은혜로 구속받은 백성임을 잊지 않도록 하기 위해 광야에서 주신 것이 바로 율법이었던 것입니다.

율법은 그리스도를 예표하는 '초등교사'

구약의 이스라엘 백성도 율법을 통해 하나님의 의에 이를 수는 없었습니다. 죄인이 하나님께 받아들여지기 위해서는 율법을 지키는 것이 아니라, 제사를 지내야 했습니다. 제물이 필요했지요. 율법은 하나님 앞에서 우리의 연약함과 부족함을 보여 주는 거울이었으며, 그래서 율법은 오히려 하나님의 은혜와 약속을 더 부각시키고 더욱 갈망하게 만들어 주는 기능을 했습니다. 율법을 바르게 이해한 사람이라면, 하나님 앞에서 의로워지는 것을 율법이 오히려 막아서고 있다는 사실을 깨달을 수 있었습니다. 애초부터 율법의 기능이 바로 그것이었기 때문입니다.

율법은 하나님의 은혜 대신 사용될 수 있는 수단이 아니라, 하나님의 은혜 없이는 우리가 너무나 비참한 존재일 뿐이라는 사실을 드러내는 도구였습니다. 누구보다 율법에 집착했던 과거를 가진 바울은 그 점을 잘 알았습니다. 그가 스스로 고백한 것처럼, 심지어 율법의 모든 의를 다 충족시키는 강박적인 삶을 살았다 해도 그것은 끝없는 경쟁의식과 잘못된 우월감과 남을 정죄하는 능력만 향상시킬 뿐이었습니다. 참된 자유를 누리게 해 줄 수 없었지요. 예수님을 만나고 나서야 바울은 자신이 율법을 '지키며' 살았던 것이 아니라, 오히려 율법에 '매인 채' 살고 있었음을 깨달았습니다. 그래서 그는 23절에서 **"믿음이 오기 전에 우리는 율법 아**

래에 매인 바 되고 계시될 믿음의 때까지 갇혔느니라"라고 고백했
습니다.

바울은 예수 그리스도를 다메섹 도상에서 만난 후 마침내 율
법의 진정한 용도와 위치가 무엇인지를 깨달았습니다. "이같이
율법이 우리를 그리스도께로 인도하는 초등교사가 되어 우리로
하여금 믿음으로 말미암아 의롭다 함을 얻게 하려 함이라"(갈 3:24).
누구보다 극렬한 유대주의자였던 바울은 예수님이 바로 율법의
완성, 율법의 현신 그 자체임을 경험했습니다. 그림자를 보면 그
것을 통해 사물의 형체 정도는 알 수 있지만, 실체가 그 모습을 드
러내면 그림자는 더 이상 중요하지 않지요. 이처럼 율법은 그 자
체로 절대적인 기준이 아니라, 예수 그리스도라는 약속의 실체를
미리 엿보게 만들어 주는 그림자와 같은 것이었습니다. 바울의
표현에 따르면 '초등교사', 곧 당시 '파이다고고스'(παιδαγωγὸς)라 불
리던 보육교사와 같은 위치인 셈이지요.

'초등교사'로 번역된 이 단어는 개역한글 성경에서는 '몽학선
생'이라는 매우 모호한 뜻을 가진 단어로 번역된 이력이 있습니
다. 바울 당시의 '파이다고고스'들은 사실 교사라기보다는 보육
자, 성인이 되기 전 어린아이들을 훈육하는 역할을 맡았던 '노예
중 한 사람'을 가리키는 표현이었습니다. 플라톤의 초기 대화편
에 기록된 대목을 보면 이 사람들의 모순적인 존재감이 익살스럽
게 묘사되어 있지요. 자유인의 가정에서 태어난 아이들이 되레

노예의 통제와 훈육을 받고 있다고 말입니다(플라톤, 《뤼시스》, 이제이북스, 2007, 59쪽). 바울은 이러한 모순적인 존재감을 빗대어 율법을 정의 내립니다.

처음에 우리 모두는 하나님의 형상으로 창조된 자유인이었지요. 하지만 22절 말씀처럼 모두가 죄의 지배 아래 갇히고 말았습니다. 그래서 율법은 본래 우리를 속박할 권한이 없지만, 마치 초등교사처럼 자유인인 우리를 보육하는 도구가 된 것입니다. 할례나 음식법 같은 율법의 행위들을 지킴으로써 하나님의 백성으로 살 수 있다는 유대인들의 오해는 율법을 인간보다 위대한 것으로 착각한 데서 나왔습니다. 하지만 바울은 예수 그리스도의 복음을 알고 나서, 오히려 율법이 인간에게 초등교사와 같은 도구일 뿐임을 깨달은 것입니다.

유대인들은 율법의 요구를 완벽하게 충족시킬 수 있는 그리스도를 원했습니다. 이것을 곰곰이 생각해 보면, 그리스도가 오히려 율법의 지배를 받으시는 개념이지요. 하지만 예수님은 그 반대라는 사실을 보여 줍니다. 율법은 예수님의 그림자와 같습니다. 우리는 율법을 통해 그리스도가 어떤 분이신지, 율법의 실체이신 그리스도의 탁월함이 어떤 것인지 보게 되는 것입니다.

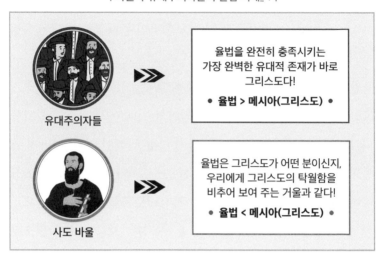

인간은 율법을 오용해서 그것을 지킬 수 있는 자와 지키지 못하는 자 간에 구별을 두고 서로 차별하며 편을 가르는 데 썼습니다. 하지만 예수님은 그 누구도 차별하거나 미워하지 않으시고 율법의 핵심 가치이자 근본정신이라 할 수 있는 '차별 없는 사랑'을 십자가에서 온전히 이루셨습니다. 그래서 바울은 율법 앞에서 담대하게 믿음의 가치를 역설합니다.

유대인들은 율법을 통해 하나님의 백성으로 살아가며 그 율법을 완벽하게 이행하는 존재, 모든 이방 족속을 무릎 꿇게 만들 구원자가 그리스도라고 생각했지요. 그러나 바울은 오히려 율법의 핵심 가치가 '차별 없는 사랑'에 있으며, 모든 인간을 섬기고 그들을 위해 희생하는 십자가의 죽음을 통해 이 가치를 가장 극명하게 실천하신 분이 바로 그리스도 예수라고 선언합니다.

그러므로 예수 그리스도를 믿는 것은 율법에 매이지 않고 오히려 율법 너머에 있는 하나님의 약속으로 들어가는 것이며, 그것은 유대인과 이방인, 남성과 여성, 주인과 종에 관계없이 모든 인간에게 평등하게 주어진 위대한 약속입니다. 이에 대해 바울은 고백합니다. **"너희는 유대인이나 헬라인이나 종이나 자유인이나 남자나 여자나 다 그리스도 예수 안에서 하나이니라"**(갈 3:28).

| 바울과 유대주의자들의 율법 이해_ 2 |

151

■ 믿음의 능력으로 율법을 넘어 그리스도께로

개신교, 특히 개혁주의 장로교의 전통에 서 있는 교회와 신자들은 그 어떤 기독교 종파보다 이신칭의라는 진리를 사랑하고 또 중요시합니다. 물론 이 진리는 갈라디아서를 통해 알 수 있듯, 신앙의 가장 아름답고 위대한 선언 가운데 하나입니다. 십자가와 부활의 예수 그리스도를 향한 오직 믿음으로, 유대인과 이방인의 차별 없이 그 누구나 하나님의 백성이 될 수 있다는 놀라운 은혜의 선물이자 초대장이기 때문이지요.

하지만 우리가 은혜와 믿음을 중요시한 만큼, 율법에 대해서는 거의 천대해 오거나 아니면 멸시하는 경향도 적지 않았습니다. 놀라운 사실은 율법을 무시하면서도 우리 신앙생활의 모습 곳곳에는 율법주의가 자리하고 있다는 점입니다. 우리는 이신칭의라는 은혜의 교리를 말하면서도, 정작 작위적인 신앙의 기준들을 만들어 내 그것을 마치 율법처럼 삼아 함부로 타인을 판단하고 쉽게 정죄하는 우를 범해 온 것이지요. 예수 그리스도를 주님으로 고백하면서, 동시에 율법에 매인 삶을 살곤 합니다. 하나님이 주신 약속을 전적으로 신뢰하기보다 타인에게 보여 줄 수 있는 나의 어떤 헌신이나 은사 등을 더 의지하는 종교생활을 해 온 것입니다.

바울은 우리 모두가 하나님의 약속을 믿고, 그 약속의 성취자이신 예수 그리스도 안으로 들어가야 한다고 말합니다. 율법은 죄인을 의롭게 만들어 줄 수 없습니다. 율법의 용도는 그것을 모두 지킴으로써 하나님 앞에 우리를 의로운 자로 만들어 주는 데 있지 않고, 우리가 닿을 수 없는 하나님의 압도적인 거룩하심을 포착하고 느끼게 하는 데 있습니다. 그 거룩함의 본체이신 그리스도가 얼마나 탁월한 존재이신지를 어렴풋이나마 그림자처럼 암시해 주는 것이 율법의 진정한 역할입니다. 그런 율법을 넘어 그리스도께로 나아가지 못한다면 우리는 영원히 자유로울 수 없겠지요. 하나님의 놀라운 사랑과 은총과 안식을 전혀 누리지 못한 채로 그저 매 순간 율법을 기준 삼아 타인과 나를 끝없이 비교해 가며 차별과 미움의 지옥으로 끌려 들어갈 뿐입니다.

　하나님의 무한한 사랑과 은혜 그 자체인 그리스도의 십자가 앞에서 율법의 행위를 얼마나 많이 행하느냐의 여부는 구원의 작은 준거조차 될 수 없습니다. 율법이라는 초등교사가 우리를 어느 정도 훈육은 해 줄 수 있겠지만, 결국 우리는 예수 그리스도와의 연합으로써만 참된 자유를 누릴 수 있고 하나님의 백성이 될 수 있습니다. 그리고 그것은 오직 믿음으로만 가능한 일입니다. 하나님이 비참한 죄인인 나를 부르셨다는 믿음, 하나님이 아주 먼 옛날 아브라함과 언약을 맺으시기 훨씬 전부터 나를 계획하셨다는 믿음, 그 언약을 성취하신 예수 그리스도의 십자가 앞에서는 나의 비참한 존재가 온전히 용서받고 하나님께 나아갈 수 있게 되었다는 믿음, 그 누구도 내가 얻은 이 구원을 흔들 수 없다는 믿음, 거기에 더하여 나뿐 아니라 이 세상의 그 누구라 해도 그리스도 예수 안에서 하나님의 하나 된 백성이 된다는 믿음!

율법을 넘어 그리스도께로 나아가는 이 믿음의 능력으로 살아갈 수 있기를 간절히 바랍니다. 오래전 갈라디아 지역 교회의 신자들이 그랬던 것처럼, 우리는 율법의 행위가 아니라 복음을 듣고 믿음으로써 성령 하나님의 임재를 누리기 시작한 사람들입니다. 율법 안에서 하나님 나라의 백성이 된 것이 아니라, 아브라함이 받은 언약을 궁극적으로 성취하신 예수 그리스도 안에서 그 나라의 권속이 된 사람들입니다. 율법은 그리스도의 부요함과 아름다움을 비추어 보여 주는 거울에 불과함을 우리는 이미 알고 있습니다. 그 앎이 내 신앙의 모든 영역과 일상의 모든 순간에까지 온전히 적용될 수 있기를 진심으로 소망합니다. 율법 너머에 계신 그리스도를 바라봅시다.

핵심 요약 ||||

- 바울의 논증, 아브라함에서 율법을 건너뛰고 바로 예수님으로
- 율법은 그리스도의 탁월함을 비추어 보여 주는 거울이자 초등교사
- 하나님 나라에 들어가는 열쇠는 율법이 아니라 예수 그리스도
- 율법의 핵심 가치는 예수님이 십자가에서 드러내신 '차별 없는 사랑'
- 믿음으로 율법을 넘어 그리스도께로 나아가 참 자유와 하나님의 한 백성 됨을 누림

핵심 단어 ||||

- 아브라함의 자손(씨), 아브라함 언약, 율법, 그림자, 거울, 초등교사, 차별 없는 사랑

적용과 나눔

▌적용

1. 율법의 행위를 신앙의 기준 삼게 되면 죄인인 우리는 언제나 넘어질 수밖에 없습니다. 하지만 언약의 성취로 오신 그리스도의 은혜를 붙잡으면 우리의 연약함과 부족함에도 불구하고 신실하신 하나님이 구원의 보증이 되십니다. 우리는 이 간단하면서도 중요한 진리를 수시로 놓치고 살아갑니다. 자꾸만 내가 무엇인가를 함으로써 신앙을 증명하려 시도하는 것이지요. 무엇이 우리를 그리스도인이 되게 했습니까? 나의 실패와 좌절에도 불구하고 하나님이 예수 그리스도의 십자가를 통해 보여 주신 그분의 변함없는 사랑과 긍휼입니다. 이것을 다시 한 번 새기며 나아갑시다.

2. 율법은 그 자체로 악한 것이 아니라 선한 것이었습니다. 하지만 문자들의 나열 이면에 존재하는 율법의 '정신'을 간과하고 단순히 법조문을 절대화하고 우상 삼았을 때 유대인들은 하나님의 뜻을 오해하고 왜곡했습니다. 예수 그리스도는 율법의 완성이 되신 분입니다. 그분은 율법을 통해 본래 나타나야 했던 모든 선한 가치들을 당신의 가르침과 사역, 죽음과 부활로써 보여 주셨습니다.
중요한 것은 성경을 문자적으로만 아끼고 준수하는 일이 아닙니다. 문자주의 신앙을 넘어서, 말씀의 본질에 기대어 올바르게 그것을 적용하는 삶을 살아갑시다.

▌ 나눔

1. 사도 바울이 율법을 건너뛰고 아브라함이 받은 언약과 예수님을 직접
연결시킨 일은 당시로서는 가히 혁명적인 신학적 발전이자 도약이었
습니다. 메시아(그리스도)가 율법 아래 있는 존재가 아니라, 율법과 관
계없이 하나님이 아브라함에게 약속하신 언약의 궁극적 성취라는 주
장은 예수님에 대한 많은 신자의 이해를 새롭게 만들었습니다. 혹시 기
존의 편견을 깨고 새로운 관점에서 하나님 혹은 교회를 다시 이해하게
만들어 준 가르침이나 그러한 가르침을 베풀어 준 멘토가 있습니까?

2. 율법의 행위들을 지켜야 구원받을 자격을 갖추는 것이 아니라, 하나님
이 태초 이전부터 계획하신 언약 안에서 우리를 하나님의 자녀로 택하
셨다는 사실이 가장 놀랍고 큰 은혜입니다. 이 언약적 은혜를 크게 실
감한 경험이 있습니까? 하나님이 율법이 아니라 예수 그리스도의 복
음 안에서 우리를 당신의 백성 삼으셨다는 것이 언제 가장 큰 기쁨으
로 다가옵니까?

그리스도의
형상을
이루는 길

4:1-20

진리 가운데 얻은 자유는
우리를 더욱 진리케 만듭니다.
약하면 약할수록 더 깊이 사랑하게 만들고,
가난하면 가난할수록 더 많이 구제하고
돕게 만듭니다. 이것이 바로 그리스도의 형상을
이루어 가는 길이며 십자가의 삶을 살아 내는
자유함이지요.

III

■ 자유인과 종 사이에서

율법과 이 세상의 초등학문

갈라디아서 4장에서도 바울의 이러한 논증이 이어집니다. 6강에서 살폈듯이, '초등교사'로 번역된 '파이다고고스'는 일반적인 선생님이 아니라, 보호자 혹은 보육이나 훈육을 목적으로 고용된 똑똑한 노예들을 가리키는 단어입니다. 당시 그리스-로마 세계에서 부유한 집안에서는 어린 자녀가 가풍을 잘 계승하고 어느 정도 성장하여 혼자 책임감 있게 행동할 수 있을 때까지 주인의 신뢰를 받는 노예를 파이다고고스로 지정하여 가르치고 보호하게 했습니다.

오늘날 우리가 생각하는 근대적 노예의 이미지는 그저 가혹

한 노동 환경에 내던져진, 인간 이하의 취급만 받던 존재들인 데 반해 바울 당시에는 매우 똑똑하고 학식이 높은 노예들이 많이 있었습니다. 주로 그리스 출신이었던 이러한 종들은 한 가문의 초등교사가 되어 그 집안의 계승자들을 훈육하고 보호하는 일을 했지요. 하지만 이는 일시적으로 존재하는 직업이었습니다. 자녀들의 지성과 육체가 장성하게 되면 더 이상 훈육자의 존재가 필요하지 않습니다. 성년이 되었는데 여전히 초등교사의 지도를 받는다면, 그것은 부끄러움과 수치일 뿐이지요.

본문인 갈라디아서 4장 1-3절이 바로 이에 대한 이야기입니다. 우리는 사실 피조 세계 전체를 다스릴 존재로 창조되었지만, 하나님 아버지께서 정하신 때가 이르기까지 초등교사의 지도 아래 머물며 마치 종과 같은 상태로 존재해야 했습니다. 바울은 이러한 상태를 아담의 범죄로부터 이어진 모든 인간의 운명으로 보았습니다. 그래서 유대인과 이방인을 막론하고 인류 전체는 하나님의 때가 이를 때까지 율법과 철학을 포함한 세속의 가치관들, 곧 '이 세상의 초등학문' 아래에 머물며 죄와 사망의 종노릇을 해왔다고 말한 것입니다.

사도 바울은 인류를 유대인과 이방인으로 구분하여 서로 대조하는 가운데 모든 인류의 비참한 상황이나 운명에 관해 진술하는 일종의 변증법적 수사법을 즐겨 사용합니다. 대표적인 사례가 로마서 2장에서 유대인과 헬라인을 반복적으로 언급하다가 결국

은 둘 다 똑같이 하나님 앞에 곤고한 존재일 뿐이라는 사실을 입증하는 대목이지요.

당시 유대주의자들은 유대인인 자신들이 하나님의 율법을 소유하고 있기에 그렇지 못한 이방인들에 비해 영적으로 훨씬 더 월등하다고 믿어 의심치 않았습니다. 하지만 누구보다 열성적인 유대주의자였던 과거를 갖고 있는 바울은 예수님을 만나고 회심한 이후, 그러한 자부심과 선민사상이 아무 짝에도 쓸모없는 것임을 깨달았습니다. 율법은 양날의 검과 같아서 그것을 통해 하나님의 거룩하신 뜻을 따라갈 수도 있지만, 하나님이 거기에 담아 두신 하나님 나라의 정신인 사랑과 자비와 긍휼에 집중하지 않고 도리어 율법의 표면적 가치들, 곧 10절에 언급되어 있는 '날과 달과 절기와 해' 등에 매몰되어 율법주의로 나아가게 된다면 하나님의 뜻으로부터 더욱 크게 멀어질 수 있습니다. 사도 바울은 다름 아닌 자신의 과거를 통해 이러한 사실을 누구보다 잘 알고 있었습니다.

그런 면에서 바울이 언급한 '이 세상의 초등학문'이란 유대인에게는 율법, 그리고 이방인에게 있어서는 당시의 철학과 세속적인 가치 체계 등을 포괄하는 개념입니다. 이것은 사람을 바른길로 인도할 수 있는 가능성을 지닌 일종의 초등교사입니다. 하나님의 아들이신 예수 그리스도와 그분의 십자가를 마주하기 전에는 유대인의 경우 율법으로, 그리고 이방인의 경우 철학이나 기타 지식들을 통해 정의롭고 자비로운 삶을 어느 정도 살 수 있지요. 하지만 그것들은 우리로 하여금 하나님의 궁극적인 의로움에 도달하게 만들 수는 없습니다. '그리스도의 장성한 분량'(엡 4:13)에 이르기 전에 우리가 임시적으로 머물 수 있는 상태일 뿐이지요. 이 세상의 초등학문 아래 있는 이들은 아무리 탁월하고 의로워 보인다 한들 여전히 초등교사의 훈육과 지도 아래 있을 뿐인 종의 상태입니다. 우리를 참 자유에 이르게 하는 길은 오직 하나님의 아들이신 예수 그리스도의 속량입니다.

아들의 영이 오심으로

"때가 차매 하나님이 그 아들을 보내사 여자에게서 나게 하시고 율법 아래에 나게 하신 것은 율법 아래에 있는 자들을 속량하시고 우리로 아들의 명분을 얻게 하려 하심이라"(갈 4:4-5). 현대 그리스도인들에게 있어서 주님의 십자가 사건은 무려 2천 년 전의 일이기에 이런 개념이 생소하지만, 바울 당시 예수 그리스도의 십자가 사건과 부활은 세상의 마지막이 매우 가까이 왔다는 '종말의 시작'으로 받아들여졌습니다. 바울은 하나님의 아들이 여자에게서, 그리고 율법 아래에 태어나신 것은 그분이 완전한 인간으로서 모든 인류를 대표하는 존재가 되시기 위해서였다고 설명합니다. 그런 주님이 십자가에서 죽으신 사건은 그분이 우리 모두의 죽음과 죄를 속량하시는 일이었지요. 이것이 바로 이전까지 우리를 옭아맸던 율법과 초등학문이라는 초등교사의 훈육에서 벗어난 결정적인 순간입니다. 복음이 온 세상을 향한 기쁜 소식인 이유입니다.

특히 예수님의 승천 이후 오순절에 성령 하나님이 제자들의 모임 가운데 강림하신 사건은 마침내 이 세상 속에 하나님 나라의 통치가 본격적으로 시작되었음을 알리는 매우 중대한 사건이었습니다. 이제 부활하신 예수 그리스도의 영이신 성령이 우리 안에 오셨기 때문에, 신자들은 더 이상 세상의 초등학문 아래 종처럼 머물지 않고 마침내 하나님을 '아빠 아버지'라 부를 수 있게 되었습니다. 하나님의 아들이신 예수님을 통해 우리 역시 하나님의 양자로서, 온전히 회복된 하나님의 형상으로서 그 자녀의 지위로 회복된 것입니다.

종말의 그리스도가 성령으로 우리 안에 함께하실 때 우리는 유대인과 이방인의 구분을 떠나 온전한 하나님의 자녀요 백성이 됩니다. 율법이나 할례가 아니라, 믿음 가운데 역사하시는 성령이 우리를 하나님의 약속으로 이끄셔서 그 안에 머물게 하시는 것입니다. **"그러므로 네가 이후로는 종이 아니요 아들이니 아들이면 하나님으로 말미암아 유업을 받을 자니라"**(갈 4:7).

사도 바울은 그의 다른 편지인 로마서에서, 성령 하나님을 통해 우리가 율법과 초등학문으로부터 자유롭게 되었으며 이제 복음을 통해 주어진 온전한 자유로움으로 하나님의 뜻에 순종하는 삶을 갖게 되었다고 말했습니다. "그러므로 이제 그리스도 예수 안에 있는 자에게는 결코 정죄함이 없나니 이는 그리스도 예수 안에 있는 생명의 성령의 법이 죄와 사망의 법에서 너를 해방하였음이라"(롬 8:1-2). 바울은 이제 우리가 율법과 초등학문이라는 세속적인 가치 체계들, 곧 죄와 사망의 법에서 해방되어 예수 그리스도의 영이신 생명의 성령의 법 아래 들어가게 되었음을 선언한 것입니다.

성령은 율법과 초등학문의 종이었던 우리를 해방시켜 자유로운 하나님의 아들이 되게 만드십니다. 그렇다면 생명의 성령의 법의 통치를 받는 참 자유의 삶, 하나님의 자녀가 누리는 진정한 삶은 어떤 것일까요? 이에 대해 바울은 12절부터 자신과 갈라디아 성도들의 관계를 통해 설명합니다.

■ 하나님의 자녀가 누리는 참 자유의 삶

약함과 가난함으로

"내가 처음에 육체의 약함으로 말미암아 너희에게 복음을 전한 것

166

을 너희가 아는 바라 너희를 시험하는 것이 내 육체에 있으되 이 것을 너희가 업신여기지도 아니하며 버리지도 아니하고 오직 나를 하나님의 천사와 같이 또는 그리스도 예수와 같이 영접하였도 다 너희의 복이 지금 어디 있느냐 내가 너희에게 증언하노니 너희가 할 수만 있었더라면 너희의 눈이라도 빼어 나에게 주었으리 라"(갈 4:13-15).

여기에 언급되는 이야기는 사도 바울이 처음 갈라디아 지역에 복음을 전하고 교회를 세울 때 복음을 듣고 회심하여 신자가 된 사람들이 그를 어떻게 대했는지에 관한 회상입니다. 우리도 잘 아는 것처럼 바울에게는 '육체의 가시'가 있었습니다. 가장 개연성 있는 추론은 그것이 안구 질환, 곧 '안질'이라는 주장이며, 어떤 학자들은 바울에게 일종의 뇌전증 증세가 있었을 것이라 보기도 합니다. 이것은 복음을 전하기 위해 수시로 장거리를 여행해야 했고 격한 노동과 쉼 없는 생활에 자주 노출되었던 그를 매우 힘들게 만드는 '약함'이었습니다.

게다가 당시 장애를 가진 사람들을 향한 세간의 인식은 절대로 호의적이지 않았습니다. 무언가 죄가 있어서 육신에 장애를 가지게 되었다고 생각하거나(요 9:2 참조), 아니면 하나님의 저주로 장애를 얻었다고 보는 경우가 허다했지요. 그리스도의 종으로서 복음을 전하는 바울에게 있어서 육체의 가시는 단순히 육신적인 불편함을 넘어서서 그를 수많은 좌절과 수치와 조롱에 직면하도록 한 치명적인 아픔이었습니다. 오죽했으면 고린도 교회에 침투했던 거짓 교사들이 바울의 사도권에 대해 공격했을 때에도 그가 지닌 육체의 가시를 빗대어 "바울은 글로는 훌륭하지만 그 외모는 형편없다"라고까지 비난했겠습니까(고후 10:10).

그런 바울을 업신여기지도 않았고, 버리지도 않았으며, 오히려 하나님의 천사를 대하듯, 더 나아가 예수님을 대하듯 했던 이들이 바로 갈라디아의 성도들이었습니다. 바울은 말하기를, 그들이 할 수만 있었다면 눈이라도 빼서 자신에게 주었을 것을 안다고 고백했습니다(이 내용에 의하면, 바울이 갖고 있던 육체의 가시가 안구 질환일 확률이 굉장히 높지요).

이처럼 갈라디아의 성도들은 바울의 약함을 조롱하거나 힐난하지 않았습니다. 오히려 그의 약함을 보듬어 주고 위로하며, 마치 그의 아픔이 자신들의 것인 양 공감하고 격려했습니다. 그들이 그렇게 할 수 있었던 이유는 무엇일까요? 그것은 처음부터 바울이 가르쳤던 예수 그리스도의 복음의 핵심이 바로 그 약함, 가난함에서 나오는 하나님의 능력이었기 때문입니다. 갈라디아의 성도들은 '약함으로부터 나오는 하나님 나라의 강함과 부요함'이라는 역설적 진리를 배우고 깨달은 사람들입니다. 따라서 그 진리를 가르쳐 준 연약한 사도에게 자신들이 배운 복음을 또다시 나누어 줄 수 있었던 것입니다.

바울은 이 편지를 받을 성도들이 할 수만 있다면 그들의 눈이라도 자기에게 빼어 주었을 것을 안다며, 그것이 또한 그들의 '복'이라고 말합니다. 무엇이 복일까요? 예수 잘 믿어서 좋은 직장을 얻는 것이 복일까요? 부유한 가문에 태어나 넓은 집에 살고, 좋은 차를 타며, 안정된 노후를 누리는 것이 하나님이 주신 복입니까? 안타깝게도 예수님도, 바울도 정반대의 이야기를 우리에게 들려줍니다. 그 대표적인 내용이 바로 마태복음 5장에 기록되어 있는 '팔복'이지요. 주님은 우리를 향해 심령이 가난한 자는 복이 있고, 애통하는 자는 복이 있고, 의에 주리고 목마른 자는 복이 있고, 의를 위하여 박해를 받은 자는 복이 있다고 말씀하십니다. 세속적인 가치관은 강한 자가 복이 있고 안정된 삶을 사는 자가 복이 있다고 하지만, 복음은 오히려 약하고 가난한 자들에게, 세상이 비웃고 경멸하는 이들에게 하나님 나라가 약속되어 있다고 말합니다.

그것이 극대화되어 역사 가운데 나타난 것이 무엇입니까? 바로 예수 그리스도의 십자가 사건입니다. 모든 사랑하는 이들로부터 버림받으시고 자기 백성들에게 멸시를 당하시며 생명 그 자체이신 분이 배신과 조롱 속에 친히 죽음을 맛보신 사건, 우주의 왕이신 분이 더 이상 낮아질 수 없고 더 이상 약해질 수 없고 더 이상 가난해질 수 없는 상황까지 내려가신 사건이 바로 십자가 사건 아닙니까? 그런데 그 십자가 사건이 역설적이게도 온 세상에 생명의 기적을 가져왔습니다. 가장 낮은 곳에 임하신 하나님의 아들이 가장 높은 영광의 주가 되신 것입니다. 십자가가 부활을 불러 왔습니다. 죽음이 생명이 되고, 가난함과 약함이 부요함과 위대함으로 역전되는 것, 이것이 바로 십자가이며, 사도 바울이 갈라디아의 신자들에게 전한 하나님 나라의 복음이었습니다.

계율이 아니라 사랑으로

바울은 12절에서 의미심장한 말을 합니다. **"형제들아 내가 너희와 같이 되었은즉 너희도 나와 같이 되기를 구하노라."** 이 문장을 곰곰이 생각해 보면 마치 예수님을 통해 드러나는 복음의 원리와 흡사합니다. 먼저 예수님이 우리 중 하나와 같이 되신 성육신 사건이 있습니다. 또한 이 사건을 통해 이제는 우리가 그리스도의 영광 안에 들어가 그분처럼 하나님의 자녀가 되는 것이 바로 복음이지요. 바울은 이처럼 성도들이 사도인 자신을 닮기 원한다고 고백했습니다. 바울 자신처럼 약함 중에 하나님의 강함을 드러내는 사람이 되기를 원한다고 이야기한 것입니다. 그것이 갈라디아 성도들에게 허락하시는 하나님의 복이 될 것입니다.

하지만 현재 바울은 갈라디아 성도들에 대해 염려하고 있습니다. 그것은 20절이 암시하듯, 그들이 바울에게서 배운 복음의 원리로부터 벗어나 유대주의자들의 유혹 가운데 빠져들어 가고 있다는 '의혹' 때문입니다.

앞선 본문들을 통해 이미 여러 차례 살펴보았지만, 율법이 지닌 가장 거대한 함정은 율법을 '지켜야만 한다'는 데 있습니다. 율법을 지키는 것이 왜 율법 자체의 함정이 되는 것일까요? 그 이유는 율법을 지킬 수 있는 사람들이 제한적이라는 사실 때문입니다. 이 말이 대체 무슨 의미일까요?

율법은 하나님이 우리 모두에게 지키라고 주신 거룩한 법이 맞습니다. 원래 의도는 그랬지요. 하지만 당시 유대 사회에서 율법은 사람들을 이미 그것을 지킬 수 있는 사람과 지킬 수 없는 사람으로 양분했습니다. 두 부류로 하여금 서로를 차별하고 혐오하게 만드는 기제가 되어 가고 있었습니다. 그 대표적인 예가 바로 목자들입니다.

목자라 하면 보통 아주 목가적이고 평온한 이미지를 떠올리기 쉽습니다. 한없이 넓게 펼쳐진 들판에 앉아 피리를 불고 양 떼를 쉴 만한 물가로 인도해 주는 사람 말이지요. 하지만 실제로 목자라는 직업은 평화롭고 목가적인 분위기와는 거리가 멀었습니다. 오히려 1세기 유대 사회에서 '최악의 극한직업' 중 하나라 부를 만했지요. 목자는 큰 자산을 지닌 지주들이나 부자들에게 박봉에 고용되어 그들의 가축 떼를 돌봐 주는 사람이었습니다. 목자는 척박한 팔레스타인 땅에서 가축 떼를 먹일 초장을 찾기 위해 한 번에 며칠 밤낮을 제대로 쉬지도 못하고 바지런히 움직여야 했습니다. 특히 광야에 가까운 지형들은 자칼 떼를 비롯해 다양한 맹수들이 돌아다니는 곳이었습니다. 그 맹수나 강도떼로부터 가축들을 지키기 위해서 목자는 때로 목숨 걸고 싸우기도 했습니다. 초장을 찾아 떠돌다 가축 떼를 모는 또 다른 목자와 마주치면 초지를 확보하기 위해 폭력으로 대립할 때도 있었지요.

하지만 그런 위험들은 차치하고, 목자가 당시 유대 사회에서 천대받은 가장 중요한 이유는 그들이 안식일 규례를 제대로 준수하기 어려운 상황에 살았기 때문입니다. 목자가 고용된 근본적인 이유는 당시 유대 율법상 안식일에는 동물을 돌보는 일조차 금지되어 있었기 때문입니다. 안식일에 동물을 돌보고 함부로 음식을 주었다가는 율법을 '어기는' 것이 되어 부정한 자 혹은 죄인으로 간주되었습니다. 하지만 현실은 어떨까요? 안식일이라는 이유로 가축들을 방치하거나 굶길 수는 없는 노릇이지요. 그러니 돈 있는 사람들은 극빈자들을 목자로 고용한 후 그들로 하여금 안식일에도 자기네 양 떼 혹은 염소 떼를 먹이고 돌보게 한 것입니다.

이런 메커니즘이 의미하는 바가 무엇입니까? 부자는 돈을 주고 가난한 사람을 고용함으로써 안식일 규례를 준수하고, 가난한 사람은 입에 풀칠을 하기 위해 안식일을 지키지 못하는 상황에 떠밀리는 것입니다. 결국 목자들 대부분은 율법에서 가장 중요한 규정으로 여겨졌던 안식일 규례를 지킬 수가 없었지요. 이는 부정한 자로 간주되어 구원받을 수 없는 죄인이 됨을 의미했습니다. 이처럼 예수님과 바울의 시대에 이르러 율법은 그 본연의 목적과 달리 그것을 지킬 수 있는 사람과 지킬 수 없는 사람으로 인간을 구분하고 차별하는 엄격한 잣대로 전락하고 말았습니다. 율법을 준수할 형편이 되는 자들로 하여금 율법을 지킬 수 없는 가난한 자들과 약한 자들을 정죄하도록 만드는 수단이 되어 버렸습니다.

왜 누가복음에서 예수님의 탄생 소식이라는 복음이 다른 이들이 아니라 하필 목자들에게 가장 먼저 전해졌는지가 매우 의미심장해지지 않습니까? 그리고 예수님이 왜 유대인들에게 "안식일에 너희 가축이 구덩이에 빠져도 너희가 건져 내지 않겠느냐? 하물며 장애를 지닌 사람을 안식일에 고쳐 주는 일은 어떠하냐?"(마 12:9-21 참조) 하고 비난하셨는지 어렴풋이 알 것 같지 않습니까?

초등교사, 곧 율법과 세속적인 가치관들은 결국 하나님의 형상인 인간들로 하여금 서로 등급을 나누고 차별과 정죄로 몰아가게 합니다. 그래서 바울은 갈라디아 신자들이 이러한 초등학문으로 돌아가 버린다면, 그것은 다시 죄와 사망의 종노릇하게 되는 일이라고 강력하게 경고했던 것입니다.

율법은 약함과 가난함을 정죄합니다. 결국 하나님의 구원이 약함과 가난함에 허우적거리는 이들에게는 임하지 못하는 것으로 만들어 버립니다. 그들을 더욱 소외시키고 영원한 멸망 가운데 두게 만듭니다. 하지만 예수님과 사도 바울은 가난한 이들과 연약하고 애통하는 자들에게 선포했습니다. 바로 그 약함이 십자가의 복이 임하는 통로라고 말이지요. 갈라디아 지역의 신자들이 바울을 대했던 것처럼, 약한 자를 사랑으로 환대함으로써 하나님의 복이 임재하는 것이 복음의 원리입니다. 그것은 약함을 정죄하는 율법과 계율이 아니라, 약함을 감싸고 위로하며 채워 주는 긍휼과 자비를 통해 나타납니다.

바울은 이것을 정확하게 알고 있었기에 율법과 초등학문은 그저 어린 시절의 훈육을 위한 초등교사에 지나지 않으며, 우리를 진정으로 하나님의 자녀가 되게 만드는 참된 진리의 길은 오직 예수 그리스도 안에서 누리는 사랑과 자유라고 가르친 것입니다. 그것을 위해 자신이 다시 한 번 해산의 수고를 하는 한이 있더라도 갈라디아 지역의 성도들을 이 '자유의 진리'로 지키겠노라고 다짐한 것이지요.

■ 진리 가운데 얻은 자유가 우리를 진리케

율법을 지키며 살아가는 삶도, 세상의 초등학문 아래 진리를 탐구하며 살아가는 삶도 그 나름의 가치와 의미는 있습니다. 하지만 율법의 행위를 지키는 사람과 지키지 못하는 사람으로 인간을 나누고 차별하며 정죄하는 것은 '그리스도의 장성한 분량'이라고는 결코 말할 수 없는 모습입니다. 히브리서에 등장하는 비유처럼 아직 젖을 떼지 못한, 신앙의 아주 어린 단계일 뿐이지요(히 5:12-13). 마찬가지로 세속적인 가치관에 붙들려 살아가는 삶은 끝없는 경쟁과 소외와 갈등으로 인간을 몰아붙일 뿐입니다. 그런 면에서 유대인들의 율법과 이방인들의 초등학문은 둘 다 인류에게 있어서 초등교사에 불과합니다. 하나님의 형상으로 온전히 회복되어 참된 자유를 누리게 하는 길이 될 수 없습니다.

주님을 믿는다는 것은 그분이 어떤 일을 행하셨는지, 그분의 성품이 어떠한지, 그분이 행하신 사역의 핵심이 무엇인지는 잘 알지 못하면서 그저 예수라는 역사적 존재를 지적으로만 동의하는 일이 아닙니다. 예수 그리스도를 믿는다는 것은 주님이 지신 십자가의 길에 내 인생의 발걸음을 들여 동참하는 것입니다. 성령의 이끄심 가운데 자기 십자가를 지고 부활의 기쁨을 기대하며 오늘의 고난을 향해 힘겹지만 힘찬 걸음을 옮기는 것입니다. 약함과 가난함을 정죄하고 배제하는 율법이 아니라, 그 연약함을 통해 사랑이 흘러가며 그 가운데 하나님이 베푸시는 참 평안과 아름다운 자유를 누리는 공동체로 함께 자라 갈 것을 신뢰하는 삶, 그것이 바로 "예수 그리스도를 믿는다"는 고백의 참된 의미입니다.

"진리가 너희를 자유롭게 한다"는 주님의 말씀(요 8:32 참조)은 무슨 뜻일까요? 유대인이든 이방인이든, 남자든 여자든, 종이든 자유인이든, 부자든 가난한 자든 누구든지 예수 그리스도의 십자가를 자신의 가치로 받아들이고 믿는 사람에게는 연약함이나 가난함이나 질병이 주는 그 모든 고통과 어려움마저 사랑으로 넘어설 수 있는 하나님의 진정한 자유가 주어진다는 의미가 아닐까요?

그렇게 진리 가운데 얻은 자유는 우리를 더욱 진리케 만듭니다. 약하면 약할수록 더 깊이 사랑하게 만들고, 가난하면 가난할수록 더 많이 구제하고 돕게 만듭니다. 눈이 아픈 형제를 위해서라면 자신의 눈도 빼어 주려고 할 만큼 사랑하는 것, 이것이 바로 그리스도의 형상을 이루어 가는 길이며 십자가의 삶을 살아 내는 자유함이지요. 가난한 자들을 목자로 고용하며 헐값에 율법의 의로움을 충당했던 이들이 아니라, 그 가난한 자들 가운데 하나님 나라를 선포하신 예수님이야말로 진정한 자유의 주인이신 것처럼 말입니다.

우리는 과연 약함을 통해 드러나는 복음의 자유함을 누리고 있습니까? 아니면 신앙과 믿음마저 또 다른 율법과 초등학문으로 바꿔 버린 것은 아닙니까? 율법의 행위들이 아니라, 복음을 듣고 믿음으로써 교회라는 복된 공동체 속에서 그리스도의 형상을 온전히 회복해 가고 있습니까? 약한 자가 우리 중에서 위로를 얻고 사랑과 복이 흘러가는 통로가 되어 하나님 나라의 자유로운 자녀가 되는 일이 일어나고 있습니까? 아니면 교회 안에서조차 약하고 가난한 자들이 여전히 천대받고 멸시당하며 차별받고 있는 것은 아닙니까?

언젠가 우리 주 예수 그리스도가 우리에게 그러한 질문들을 하시지 않을까요? 부디 그날 이 땅의 모든 신자가 주님 앞에 서서 "주님, 부족하지만 우리가 약함도 사랑으로 넘어서는 그런 삶을 감당했습니다"라고 대답할 수 있기를 진심으로 기도합니다.

우리를 율법과 세상의 초등학문에서 자유하게 하시기 위해 십자가를 지신 하나님의 아들 예수 그리스도의 복음의 능력이 이 땅의 교회 공동체들에 회복될 수 있기를 간절히 소원합니다. 은혜의 복된 소식을 듣고 믿는 이들에게 역사하시는 성령이 우리 안에 약함이 강함 되고, 가난함이 부요함이 되는 참 자유의 역사를 풍성하게 일으켜 열매 맺게 하시기를 소망합니다.

▌핵심 요약 ▐ ‖‖

- 참 자유에 이르는 길은 오직 예수 그리스도의 속량
- 십자가 사건은 인간을 옭아맨 초등교사의 훈육에서 벗어난 결정적 순간
- 성령이 하시는 일, 율법과 초등학문의 종을 자유로운 하나님의 아들로
- 복음은 가난함과 약함이 부요함과 위대함으로 역전되는 역설

▌핵심 단어 ▐ ‖‖

- 율법, 초등학문, 초등교사, 아들의 영, 종말의 그리스도, 자유의 진리

적용과 나눔

▎적용

1. 초등교사의 지도 아래 있었던 아이들처럼 율법과 세속 학문들의 도움으로 일시적이고 임시적인 의를 맛볼 수 있었던 우리는 주님의 십자가와 부활을 듣고 믿음으로써 마침내 그리스도의 장성한 분량에 이를 수 있게 되었습니다.

   하나님의 아들이 온 세상을 위해 자신을 희생하셨다는 복음은 일견 어리석게 보이고, 연약하게 느껴집니다. 하지만 이 복음의 진리야말로 우리를 참된 하나님의 형상에 이르게 합니다. 영원하고 완전한 의로움으로 나아가게 합니다. 십자가의 낮아짐으로부터 출발해 부활의 영광과 승귀로 이어지는 주님의 복음을 굳게 붙잡읍시다. 그리스도의 장성한 분량에 이릅시다.

2. 율법의 행위들은 그것을 지킬 수 있는 사람과 지킬 수 없는 사람을 구분했고, 마치 지킬 수 있는 사람들만 구원받을 자격이 있는 것처럼 오해하게 만듭니다. 결국 약함과 가난함은 정죄를 받고 심판의 대상으로 전락합니다. 반면 그리스도의 복음은 도리어 그 약함과 가난함을 통해 역사하며, 연약함과 비루함 속에 하나님의 구원이 임합니다. 교회는 높고 탁월하고 부유한 곳을 탐할 것이 아니라, 낮고 비천한 자리를 추구해야 합니다. 헨리 나우웬(Henri Nouwen)의 "욕망이 상향성의 추구라면, 소명은 하향성으로의 부르심이다"라는 말을 기억합시다.

▌나눔

1. 바울의 연약함을 섬기는 데 자신들의 눈이라도 빼 줄 수 있었던 갈라디아 성도들의 태도와 각오는 놀랍습니다. 바로 이것이 바울이 그들에게 가르쳤던 복음의 정수, 섬김과 낮아짐으로부터 나오는 하나님의 능력이 실체화된 모습이었습니다. 교회에서 이런 실제적 사례를 접한 경험이 있습니까? 형제자매의 연약함을 위해 내 눈이라도 빼 줄 만큼 큰 사랑과 섬김을 실천했던 분을 알고 있다면 함께 나누어 봅시다.

2. 목자들의 이야기를 떠올려 봅시다. 생존을 위해 율법을 지킬 수 없는 삶을 살아야 했기에 다른 사람들로부터 죄인 취급을 받았던 이들이 과거에만 존재했을까요? 오늘날 주일에도 일터로 가야 하는 타인이나 자신을 함부로 비판하거나 정죄했던 경험은 없나요? 매주 주일에 시간과 물질을 들여 예배를 드리는 것이 누군가에게는 불가능하거나 어려운 일이라면, 예배의 자리에 갈 수 있는 복을 누리는 우리가 취해야 할 마땅한 태도는 무엇일지에 대해 토의해 봅시다.

자유란
무엇인가

4:21-5:12

비교와 질시와 차별 속에
복음의 자유함은 존재하지 않습니다.
타인들에게 벽을 쌓은 채 베풀 수 있는 긍휼은 없습니다.
자유는 모든 멸시와 차별의 장벽들이 무너지고
십자가라는 사랑의 다리가 놓인 곳에 존재하는
하나님의 은총입니다.

III

■ 율법과 복음의 차이를 보여 주는 또 하나의 비유

유대주의: 하갈과 이스마엘

바울은 다시 한 번 율법과 복음의 차이점을 대조해 설명합니다. 이미 여러 번 예시와 비유를 들어 설명했던 아브라함 이야기를 다시 차용합니다. 이번에는 아브라함 본인의 이야기가 아니라, 아브라함의 아내였던 두 인물들에 관해 알레고리적 방법을 써서 그들을 율법과 믿음에 빗댑니다. 그들의 이름은 바로 하갈과 사라입니다. "기록된바 아브라함에게 두 아들이 있으니 하나는 여종에게서, 하나는 자유 있는 여자에게서 났다 하였으며 여종에게서는 육체를 따라 났고 자유 있는 여자에게서는 약속으로 말미암았느니라"(갈 4:22-23).

24절로 넘어가면서 바울은 자신이 전개하는 이야기가 철저하게 비유임을 이야기하는데, 이것은 알레고리적 방법임을 뜻합니다. 다시 말해, '풍유법'을 쓴 것이지요. 물론 아브라함은 이후에 그두라라는 여성을 통해 더 많은 자녀를 갖게 되지만, 창세기 내러티브가 주목하는 아브라함의 아들은 두 명으로서 하갈에게서 얻은 아들 이스마엘과 사라를 통해 백 세에 얻은 아들 이삭입니다. 바울은 두 아들을 빗대어 하나는 율법에 매여 있는 유대주의자들, 그리고 다른 하나는 언약과 복음 안에 들어와 있는 그리스도인들이라 표현했습니다.

먼저 율법의 행위들에 매여 있는 유대주의자들의 유비로 삼은 인물은 이스마엘입니다. 그는 이삭보다 먼저 태어났으나 약속의 자손이 아니었고, 결국 아브라함의 집에서 내쫓김을 당하고 말았지요. 또 바울은 복음 안에 있는 사람들의 예표로 이삭을 내세웁니다. 이삭은 비록 이스마엘보다 늦게 태어났지만 하나님이 아브라함에게 약속하신 후손이었습니다. 결국 이스마엘이 아니라 이삭이 믿음의 계보를 이어 가고 이스라엘의 조상이 되지요.

아들이 있다면 당연히 그를 낳은 어머니도 존재하는 법이니, 바울은 곧이어 이삭과 이스마엘의 어머니인 사라와 하갈 역시 비유로 제시합니다. 이스마엘이 율법의 행위를 통해 하나님의 백성이 되려고 하는 유대주의자들이라면, 이스마엘의 어머니인 하갈은 당연히 유대주의자들을 탄생시킨 율법 그 자체를 가리키는 은

유입니다. 그리고 이삭이 하나님의 언약에서 나타난 자손들을 빗대고 있듯이, 사라는 바로 그 언약을 가리키는 은유지요. 좀 더 쉽게 두 어머니와 아들들의 알레고리를 파악하기 위해 다음 도표를 참고하십시오.

| 하갈과 이스마엘 vs 사라와 이삭 |

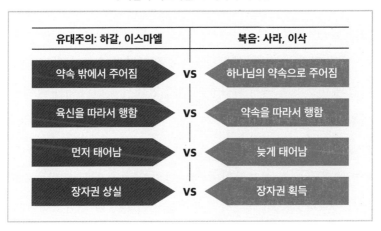

유대주의: 하갈, 이스마엘		복음: 사라, 이삭
약속 밖에서 주어짐	VS	하나님의 약속으로 주어짐
육신을 따라서 행함	VS	약속을 따라서 행함
먼저 태어남	VS	늦게 태어남
장자권 상실	VS	장자권 획득

　비유의 배경이 되는 창세기 16-17, 21장을 보면 이러한 내용들이 바울에 의해 유대주의와 복음을 대조하는 해석학적 기제로 사용되고 있음을 알 수 있습니다.

　먼저 유대주의에 관한 알레고리로 등장하는 하갈과 이스마엘을 보면, 그들은 하나님이 아브라함에게 약속하신 아내와 아들이 아니었습니다. 하나님은 분명 사라를 통해 아들을 줄 것이라고 아브라함에게 약속하셨습니다. 하지만 아브라함은 자신의 나

이가 점점 많아져 가는 데다 불임이었던 아내 사라가 약속의 자손을 낳으리라고 믿기가 너무 어려웠습니다. 그래서 하나님의 언약을 온전히 믿지 못했고, 스스로의 지혜로 아들을 얻고자 시도했습니다. 사라의 제안을 따라 그녀의 몸종 하갈을 첩으로 들여 이스마엘을 낳은 것입니다.

도표에서 볼 수 있듯이, 하갈과 이스마엘은 여러모로 율법과 닮아 있습니다. 앞서 갈라디아서 3장을 통해 바울이 논증한 것처럼, 율법은 하나님의 언약에 있어서 핵심적인 요소가 아닙니다. 하갈과 이스마엘 역시 하나님의 언약 밖에서 주어진 아내와 아들이었지요(현대 윤리적 관점이나 여성신학적 측면에서의 하갈 해석은 바울의 의도와 다름 참고). 율법이 육신적인 탁월함에 의존하듯, 하갈과 이스마엘의 존재는 아브라함이 하나님의 약속을 믿고 기다림으로써가 아니라 자신의 육신적인 생각을 따라 행동한 결과였습니다.

또한 이스마엘에게서 성경의 가장 중요한 진리 중 하나가 구현되는데, 예수님이 직접 말씀하신 "먼저 된 자가 나중 된다"는 원리가 바로 그것입니다(마 19:30, 20:16; 막 10:31; 눅 13:30). 이스마엘은 순서상으로는 분명히 아브라함의 장자입니다. 하지만 장자권은 결국 이삭이 받게 됩니다. 왜냐하면 이삭이 약속의 자손이기 때문입니다. 이러한 원리는 가인에게서, 그리고 사울왕에게서, 그리고 끝내 유대인들에게서도 나타난 매우 역설적인 진리지요.

복음: 사라와 이삭

반면에 사라와 이삭은 아브라함에게 주어진 하나님의 약속, 그 언약에 따라 오신 예수 그리스도를 예표하는 존재들로 바울은 설명합니다. 아브라함이 하나님이 주신 약속을 온전히 믿지 못해 하갈을 첩으로 삼고 그녀에게서 이스마엘이 태어난 것과 달리, 이삭은 하나님이 처음 약속하신 것처럼 사라를 통해 아브라함이 무려 백 세에 얻은 아들입니다. 쉽게 말해, 하나님이 약속하셨고 그 약속을 따라 주신 언약의 자손인 것이지요. 모세를 통해 율법이 수여되었지만 율법이 아니라 먼 훗날 오신 예수 그리스도가 언약의 성취였던 것처럼, 이스마엘이 순서상으로는 먼저 태어났지만 하나님의 약속의 자손은 이삭이었습니다. 그래서 진짜 장자권은 먼저 태어난 이스마엘이 아니라, 언약을 따라 태어난 이삭에게 돌아가게 됩니다.

이처럼 사도 바울은 이스마엘과 이삭, 하갈과 사라를 대조하면서 그들을 알레고리 삼아 율법과 믿음에 관해 설명합니다. 결국 하갈은 사라의 몸종이었고 약속의 계보로부터 떨어져 나간 것을 빗대어 말하면서, 율법 아래 속한 자들은 여전히 초등교사의 지도 아래 머물고 있는 종과 같은 존재일 뿐이라고 지적합니다. 율법은 인간을 하나님의 의에 완전히 도달하게는 만들어 주지 않습니다. 그저 하나님이 어떤 분이신지 어렴풋이 보여 줄 뿐입니다. 할례, 음식법, 엄격한 안식일 준수 등 율법의 행위들을 통해 하나님의 자녀가 되려고 하는 사람들은 결국 하갈과 이스마엘의 한계를 벗어나지 못하는 것이지요. 참된 자녀의 권리나 자유를 누리기는커녕 여전히 죄와 율법의 속박 아래 놓인 종일 뿐이라는 것입니다.

■ 율법과 복음을 상징하는 두 개의 예루살렘

율법: 땅에 있는 예루살렘

"**이 하갈은 아라비아에 있는 시내산으로서 지금 있는 예루살렘과 같은 곳이니 그가 그 자녀들과 더불어 종노릇하고 오직 위에 있는 예루살렘은 자유자니 곧 우리 어머니라**"(갈 4:25-26). 오래전에 이 구절을 근거로 '어머니 하나님'을 주장하는 황당한 무리를 만난 기억이 있습니다. 현재 대한민국에서 가장 거대한 규모를 이루고 있는 사이비 종교 집단 중 하나인 하나님의교회, 곧 예전에 '안상홍증인회'라 불렸던 사람들입니다. 여기서 '위에 있는 예루살렘, 곧 우리 어머니'라는 표현은 특정 인간을 '어머니 하나님'으로 둔갑시키기 위한 해괴한 설명이 아닙니다. 남성과 여성, 곧

'젠더'(gender, 성)의 구분은 피조물에게 있을 뿐이지 창조주이신 하나님께는 해당되지 않는 개념이지요. 이 표현은 바울이 지금 '땅에 있는 예루살렘'과 '하늘에 있는 예루살렘'이라는 두 개의 예루살렘을 상정해 놓고 서로 비교 및 대조하고 있는 맥락에서 읽어야 합니다.

우리는 보통 예루살렘이라고 하면 기독교의 중심, 신앙의 고향처럼 생각하기 쉽습니다. 그래서 한때는 '백 투 예루살렘'(Back to Jerusalem)이라는 공격적인 선교 운동도 존재했지요. 그러나 정작 사도 바울의 관점에서 예루살렘은 결코 하나님의 도성이라거나 신앙의 발원지거나 우리가 돌아가야 할 고향 같은 곳이 아닙니다. 그는 오히려 땅에 있는 예루살렘을 과거의 시내산과 같은 기능을 하는 곳, 곧 율법이 머무는 장소라고 이해합니다. 당시의 예루살렘을 복음에 반대하고 대립하는 율법과 유대주의의 온상으로 본 것입니다.

바울이 그런 관점을 갖고 있었던 것은 사실 당연한 일입니다. 왜냐하면 이 편지, 곧 갈라디아서를 쓸 당시 예루살렘에는 여전히 성전이 건재했기 때문이지요. 유대인들의 종교는 예루살렘 성전을 중심으로 공고히 구축된 체계였고, 그것을 원활하게 돌아가도록 만드는 힘은 율법에서 나왔습니다. 하지만 정작 언약의 성취이자 약속된 후손이신 예수님이 오셨을 때 하나님이 주신 법인 율법을 따른다고 자부했던 그들은 그 율법에 의거해서 예수님을 십자가에 매달아 죽였지요.

29절에서 바울은 **"육체를 따라 난 자가 성령을 따라 난 자를 박해한 것같이"**라고 표현하는데, 이는 마치 이스마엘이 이삭을 괴롭혔던 것처럼 율법을 신봉하는 유대주의자들이 예수님을 죽인 것으로도 모자라 그분을 믿는 그리스도인들까지 핍박한 사실을 꼬집은 것입니다. 그런 의미에서 유대주의자들의 성전인 '땅 예루살렘'에 대립하는 개념으로, 바울은 진정한 복음의 성전인 '하늘의 예루살렘'을 제시하고 있는 셈이지요.

복음에 대한 믿음: 위에 있는 예루살렘

이처럼 바울은 하갈에 빗댄 율법과 사라에 빗댄 하나님의 약속, 곧 복음에 대한 믿음을 두 개의 예루살렘이라 표현했습니다. 이것은 당시 신실한 유대인들과 그리스도인들이 지니고 있던 일종의 종말론적 이미지였습니다. 우리는 요한계시록의 마지막 두 장을 통해 위에 있는 예루살렘이 땅과 하나가 됨으로써 마침내 하나님 나라가 완성되고 주님의 통치가 온전히 이루어질 것이라는 예언을 확인할 수 있습니다. **"또 내가 보매 거룩한 성 새 예루살렘이 하나님께로부터 하늘에서 내려오니 그 준비한 것이 신부가 남편을 위하여 단장한 것 같더라"**(계 21:2).

'하늘에서 내려올 새로운 예루살렘'이라는 말에는 일종의 이원론(dualism)이 작동하고 있습니다. 바울은 자신의 서신들에서 '육체'와 '성령'을 서로 상반되는 개념으로 쓴 것처럼, 신약 성경이 말하는 '땅의 예루살렘'과 '하늘의 예루살렘' 역시 서로 상반되는 두 개의 장소로 제시합니다.

율법에 속한 자들은 땅에 속한 예루살렘으로 비유되는데, 이것은 실제로 역사적 정황과 맞아떨어지는 모습이기도 합니다. 왜냐하면 예루살렘은 당시 유대교의 중심지였으며, 유대인으로서 그리스도인이 된 사람들이 모여 있던 예루살렘 교회 역시 유대주의로 인해 큰 내홍을 겪고 있었기 때문입니다. 바울은 '이방인을 위한 사도'라 불린 인물답게 이제 교회들이 더 이상 땅에 존재하는 예루살렘을 의지하지 말고 더욱 온전한 하늘의 예루살렘, 곧 지역과 인종의 구분을 뛰어넘는 보편적인 하나님 나라와 교회를 추구해야 한다는 것을 복음의 원리에 입각해 이야기한 것입니다.

율법을 좇는 종의 멍에를 벗어라

사도 바울은 이제 갈라디아의 신자들이 땅에 있는 예루살렘에 휘둘리지 말 것을 권면합니다. 아브라함이 결국 하갈을 쫓아냈던 것처럼, 이삭을 지키기 위해 이스마엘을 내보냈던 것처럼 유대주의와 예수 그리스도의 복음은 공존할 수 없습니다. 예루살렘으로부터 각 이방 지역의 교회들로 나아가 할례 등을 강요했던 유대주의자들은 신앙의 선택지가 아니라 복음의 핵심적인 메시지 자체를 훼손한 거짓 교사들입니다. 그들이 바로 적그리스도지요.

갈라디아는 물론이고 로마 제국 곳곳에 분포되어 있던 교회들에는 이방인으로서 예수님을 믿고 회심한 신자들이 꽤 많았습니다. 그런데 그들이 유대교의 여러 관습들, 곧 할례와 음식법 등을 수용해 버리면 그 순간부터 예수 그리스도의 구속 사역은 무의미해집니다. 주님의 십자가 대속을 믿는 것이 아니라, 율법의 행위들을 지킴으로써 하나님의 구원을 얻고자 하는 치명적인 오류가 발생하는 것입니다. 누군가 할례를 받는다는 것은 그가 유대인이 된다는 뜻이며, 그때부터 그에게는 율법 전체를 행할 의무가 지워진다는 의미를 내포하고 있습니다. **"보라 나 바울은 너희에게 말하노니 너희가 만일 할례를 받으면 그리스도께서 너희에게 아무 유익이 없으리라 내가 할례를 받는 각 사람에게 다시 증언하노니 그는 율법 전체를 행할 의무를 가진 자라"**(갈 5:2-3).

유대주의란 할례를 받고, 음식법을 지키고, 엄격하게 안식일을 준수함으로써 아예 유대인이 되어야만 구원을 받고 하나님의 백성이 될 수 있다는 사상이지요. 예수 그리스도를 믿는다 해도 할례를 받아야 구원이 온전해진다는 '다른 복음'이 갈라디아의 신자들에게 이미 누룩과 같이 퍼지고 있음을 바울은 간파했습니다.

그는 자신이 목숨까지 걸고 전한 십자가의 복음이 갈라디아에서 꽃피우고 열매 맺는 모습을 보았고, 자신이 온 힘을 다해 세운 이 교회가 하나님이 주신 상급이라 생각했던 사람입니다. 그렇기에 절대로 '다른 복음'이 주님의 몸 된 교회를 무너뜨리게 방치할 수 없었습니다. 그것은 애써 예수님이 십자가에서 속량하신 우리의 멍에들을 다시 자진해서 둘러메는 일이니까요.

4절이 정확하게 지적하듯, 율법 안에서 의롭다 하심을 얻으려 하는 모든 시도는 결국 예수 그리스도의 은혜로부터 우리를 멀어지게 만들고 말 것입니다. 율법은 무언가를 지키고 행함으로써 자신의 신앙적 공로를 높이는 방향인데, 주님이 주신 복음의 진리는 우리 자신을 낮추는 데 그 방향성이 있기 때문입니다.

바울은 율법을 따라가지 말고, 다만 우리 안에 내주하시는 성령을 따라갈 것을 강권합니다. 율법은 성령이 오순절에 강림하시기 이전까지 우리의 기준이었으나, 부활하신 예수 그리스도의 영이신 성령이 오신 이후로는 더 이상 기준이 아닙니다. 이제 율법이 아닌 성령이 우리의 새로운 법과 기준이 되셨다고 그는 말합니다. 성령이 우리와 함께하시기에 더 이상 할례는 아무 효력이 없습니다. 다만 십자가에서 주님이 보여 주신 자기희생과 내려놓음, 곧 주님의 사랑만이 우리에게 유일한 기준이자 모범일 뿐입니다.

"형제들아 내가 지금까지 할례를 전한다면 어찌하여 지금까지

박해를 받으리요 그리하였으면 십자가의 걸림돌이 제거되었으리니 너희를 어지럽게 하는 자들은 스스로 베어 버리기를 원하노라"(갈 5:11-12). 바울은 이제 갈라디아 지역의 성도들이 유대주의의 미혹에서 완전히 벗어나기를 소망합니다. 적은 누룩이 온 덩이에 퍼지는 법이지요(갈 5:9). 율법을 지킴으로써 윤리적, 신앙적으로 우위를 점하고 그것으로 자신의 의를 삼고자 하는 악한 시도는 그것이 어떤 면에서는 매우 편리하고 합리적이기에, 그만큼 쉽게 공동체 안에 퍼져 버릴 가능성이 높습니다. 마치 누룩처럼 말이지요.

할례를 받게 하고 음식법을 지키는 등 율법의 행위들을 기독교 신앙의 기준으로 삼아도 괜찮다면, 정말 그래도 된다면 매우 유연한 신학적 사고를 갖고 있던 바울이 그것을 허락하고 도입하고 더 나아가 자신이 직접 가르치지 않을 이유가 없습니다. 바울은 자신이 만일 할례를 전했다면 지금까지 당해 온 박해들을 결코 받지 않았으리라고 말합니다. 바울이 이방인의 사도로서 그리스도의 복음을 전할 때 할례를 포함한 유대주의도 함께 전파했다면 회당에서 쫓겨나는 일은 없었을 것입니다. 그리고 유대인들의 간계에 의해 붙잡혀 재판정으로 가는 일이나 매를 맞거나 돌에 맞는 일 또한 거의 일어나지 않았을 것입니다. 바울이 목숨을 걸고 유대주의를 막고자 한 데는 이유가 있습니다. 자기 목숨보다 소중한 복음의 진리를 위해서였습니다.

바울은 11절에서 아주 중요한 단어 하나를 끄집어냈습니다. '십자가의 걸림돌'이라는 표현입니다. 십자가는 말 그대로 걸림돌이었습니다. 유대인들은 '십자가에 달려 죽은 사람이 그리스도'라는 개념을 절대 받아들일 수 없었습니다. 왜냐하면 나무에 달린 자는 하나님께 저주를 받은 자라고 신명기 21장 23절에 명시되어 있기 때문입니다. 이방인들에게도 십자가는 걸림돌이었지요. 당시 십자가에 달려 죽은 자들 대부분은 제국에 반항한 정치범으로서, 절대로 용납될 수 없는 악질 범죄자들이었으니까요. 그런데 바울은 십자가에 달려 죽은 갈릴리 청년이 바로 온 세상의 구원자이시자 로마 황제조차 감히 범접할 수 없는 만왕의 왕이시라는 복음을 전한 것입니다,

만일 바울이 복음과 더불어 유대주의, 곧 율법의 행위들을 전했더라면 그는 그토록 박해를 당하지는 않았을 것입니다. 당시 로마 제국에서 유대교는 하나의 공인된 종교였기에 그것을 전하거나 가르친다 해도 핍박받지 않도록 국가 권력에 의해 보호받고 있었기 때문입니다. 그러나 바울에게는 그리스도의 복음의 진리에 있어서 유대주의자들과 절대로 타협할 수 없는 지점이 있었습니다. 율법의 행위들을 준수하는 종교적인 이들이 더욱 탁월한 하나님의 백성으로 인정받고, 그 반대의 사람들은 무시당하고 천대받는 시스템이 바로 그것이었지요. 율법을 지킬 수 없는 사람들은 얼마든지 차별과 무시의 대상이 되고, 신앙의 자유가 아니

라 자꾸만 신앙을 경쟁과 비교의 도구로 삼게 되는 해악이 유대주의에 숨어 있는 치명적인 함정이었습니다. 그것은 복음의 원리와는 정확히 반대 방향에 있는, 인간의 종교에 불과했던 것입니다.

유대인이 이방인을 무시하고, 남편이 아내를 천대하며, 주인이 종을 멸시하는 것 등 바울은 율법의 행위들이 결국 이 같은 반복음적 세계관을 더 견고하게 만들고 말 것이라고 확신했습니다. 율법을 통해 의로움을 확보하고자 하는 모든 시도는 결국 인간을 나누고 구분하고 차별하는 길로 나아가고 맙니다. 그리스도의 십자가가 보여 주는 화평, 하나 됨, 사랑의 정신과는 공존할 수 없는 악입니다. 그래서 바울은 다시 한 번 갈라디아의 성도들에게 간곡히 부탁합니다. "너희를 어지럽게 하는 자들은 스스로 베어 버리기를 원하노라"(갈 5:12).

■ 믿음으로 참된 자유를 누려라

오늘날 이따금씩 우리 안에 또다시 유대주의가 살아나 활보하는 모습을 목격하곤 합니다. 신앙의 기준들을 세워 놓고, 그것을 준수하는 자와 준수하지 않는 자로 구분하고 차등을 두는 모습이 교회 안에 엄연히 존재하지요. 7강에서도 이야기했듯이, 종교적 기준들을 충족함으로써 하나님의 백성이 되고자 하는 노력들, 구원의 증거로 삼고자 하는 모든 시도는 결국 일그러진 선민사상과 특권의식으로 나아가 버립니다. 한국 사회에서 교회가 세상으로부터 비난받는 모습 중 하나도 그것입니다. '주일 성수를 하고, 헌금을 내고, 성경을 읽고, 예배를 드리는 우리만 하나님의 구원받은 자녀'라는 묘한 선민의식이 교회를 다니는 사람들의 마음 깊은 곳에 깔려 있지요.

하지만 반복해서 말하지만, 복음의 핵심은 믿는 자만 구원받았다는 배타적인 내용이 아닙니다. 그런 방식은 오히려 율법에 가깝습니다. 율법에 의하면, 그것을 지키는 자만 하나님의 백성이니까요. 복음은 믿는 자만 구원받았다는 식의 선언이 아니라, '누구든지' 믿기만 하면 하나님의 자녀요, 구원받은 백성이라는 메시지입니다. 할례를 받고, 까다롭게 음식법을 지키고, 안식일을 엄격하게 준수해도 그것을 자기 의로 삼아 버리는 이들이 바로 유대인들이었습니다. 하나님의 거룩하심을 맛보게 하기 위해 주어진 규례들이 그것을 지키는 자들만 천국 백성이며 나머지 이방인들은 모두 지옥 땔감이라는 식으로 사람들을 차별하고 증오하며 떼어 놓는 도구로 악용된 것입니다.

참된 복음은 우리를 그런 속박들로부터 자유롭게 합니다. 예수 그리스도의 십자가를 바라본다는 것은 또 다른 속박으로 들어가는 일이 아닙니다. 갈라디아 성도들에게 보낸 편지에서 바울은 입에 침이 마르도록 강조합니다. 복음이야말로 믿음으로 참된 자유에 이르는 길이라고 말이지요. 그것은 무엇이든지 내가 원하는 대로 해도 된다는 경박한 방종과는 완전히 다릅니다. 무엇을 하든, 어떻게 하든 그 모든 것이 성령 안에서 하나님이 기뻐하시는 뜻을 따라가는 경지가 바로 참된 자유입니다. 그리고 그것은 오직 믿음으로만 가능한 일이라고, 예수 그리스도 안에서만 가능한 일이라고 바울은 역설합니다.

혹시 지금 우리는 예수님을 '믿어 드리느라' 매우 힘들고 고된 것은 아닙니까? 복음을 믿어 주느라 아주 괴롭지는 않습니까? 그렇다면 분명 우리는 율법주의에, 유대주의에 빠져 있는 것입니다. 할례도 받고 음식법도 지키느라, 아니 주일 성수도 하고, 십일조도 하고, 매 주일 교회에서 내 존재감을 인정받기 위한 이런저런 봉사와 헌신도 하느라 혹시 지치고 피곤합니까? 이런 것들이 내 신앙생활의 큰 부분을 차지하고 있다면 우리는 어느새 자유가 아니라 종의 멍에를 다시 지고 교회 안에 앉아 있는 것일지도 모릅니다.

우리 모두 참된 자유의 복음을 충만하게 누릴 수 있기를 소망합니다. 종교적 구색을 제대로 갖추지 못한 이들, 불경건한 생활을 하는 것처럼 보이는 이들, 나보다 좀 부족해 보이는 이들과 나 자신을 비교하며 스스로의 의로움을 자꾸 확인하지 맙시다. 교회 안에서 나보다 헌신을 적게 하는 이들, 헌금을 제대로 못하며 살아가는 이들, 한 주 내내 삶에 쫓기고 치여서 예배당에서도 항상 어두운 표정을 하고 있는 이들을 정죄하는 일을 자기 의의 재료로 삼지 맙시다. 비교와 질시와 차별 속에 복음의 자유함은 존재하지 않습니다. 타인들에게 벽을 쌓은 채 베풀 수 있는 긍휼은 없습니다. 자유는 모든 멸시와 차별의 장벽들이 무너지고 십자가라는 사랑의 다리가 놓인 곳에 존재하는 하나님의 은총입니다. 이 은혜가 우리의 삶에 언제까지나 충만하기를 기도합니다.

핵심 요약 |||

- 믿음(복음) = 사라와 이삭, 하늘의 예루살렘
- 율법(유대주의) = 하갈과 이스마엘, 땅 예루살렘
- 성령과 십자가 사랑만이 우리의 새로운 법과 기준
- 구분하고 차별하는 율법의 행위는 십자가의 화평, 하나 됨, 사랑의 정신과는 공존할 수 없는 악
- 복음이야말로 믿음으로 참된 자유에 이르는 길

핵심 단어 |||

- 이삭과 이스마엘, 하갈과 사라, 땅의 예루살렘, 하늘의 예루살렘, 십자가의 걸림돌, 참된 자유

적용

1. 사도 바울이 하갈과 이스마엘, 사라와 이삭 모자 관계를 율법과 언약에 빗댄 것은 기막힌 수사적 표현입니다. 우리가 율법의 행위들을 신앙의 모체와 바탕으로 삼게 되면, 결국 그것이 내포하는 비교와 경쟁의 원리에 의해 신앙생활의 방향성이 결정될 것입니다. 반대로 언약적 믿음을 신앙의 기초로 두면, 율법의 종이 아니라 하나님의 자녀로서 감사와 순종이라는 반석 위에서 그분을 예배하며 살아갈 수 있습니다. 율법의 행위에 속했던 유대주의자들처럼 지나친 공포심이나 두려움, 타인과의 비교의식 속에 내 위치를 설정하는 방식으로 신앙을 빚어 가지 마십시오. 아들을 내어 주심으로 죄인인 우리를 구속하신 하나님의 큰 사랑과 긍휼이야말로 신자의 출발점임을 기억합시다.

2. 십자가는 유대인에게도 이방인에게도 정말 받아들이기 힘든 걸림돌이었습니다. 그런데 하나님은 바로 그 십자가로 죄인을 구원하셨습니다. 결국 이 걸림돌은 죄인이 하나님께로 나아갈 수 있는 유일한 '모퉁잇돌'인 셈인데, 유대인과 이방인을 막론하고 걸림돌을 모퉁잇돌로 바라보는 사람만이 예수님을 자신의 그리스도요 주님으로 고백할 수 있었습니다. 복음이란 세상에서 가장 기쁜 소식이지만, 세상에서 가장 수용하기 어려운 메시지이기도 합니다. 우리는 예수 그리스도의 복음을 '편안하고 쉬운 것'으로 가공해 판매하려는 유혹을 버려야 합니다. 복음이야말로 가장 큰 걸림돌이며, 사람들로 하여금 그 걸림돌을 넘어서게 하는 일은 택하시는 하나님의 전적인 주권 아래 있음을 겸손히 인정합시다.

▌ 나눔

1. 사도 바울이 하갈과 이스마엘, 사라와 이삭의 예를 들어 가며 율법과 유대주의, 언약과 복음을 대조했듯이, 무엇을 바탕 삼아 밑그림을 그리며 형성해 가느냐는 우리의 평생의 신앙생활을 좌우하는 매우 중요한 부분입니다. 신앙이 형성되는 데 있어서 마치 부모와 같은 역할을 한 누군가 혹은 교회가 있었습니까? 그 신앙의 선배(혹은 선배들)로부터 구체적으로 어떤 영향력을 받았습니까?

2. 예수님이 달리신 십자가가 많은 이들에게 걸림돌이었던 것처럼, 오늘날에도 하나님의 복음은 여전히 어리석고 거리끼는 내용으로 받아들여지기도 합니다. 이렇듯 복음을 반기지 않는 사람들에게 그리스도의 사랑과 구원을 효과적으로 전하려면 어떤 노력과 방법들이 필요할까요? 복음을 증거하는 일에 관한 노하우가 있다면 각자 나누어 봅시다.

육체의 일과
성령의 열매

5:13-26

이제는 우리가 서로를 향해 종노릇하게 된 것입니다.
이전에는 신앙 그 자체의 종이었던 우리가
이제는 나와 함께하는 내 형제자매들, 공동체의 지체들,
이웃들을 위한 종으로 바뀐 것입니다.
이는 매우 중요한 복음의 원리입니다.

■ 자유의 율법

사랑으로 스스로 종노릇하라

사도 바울은 우리가 복음 안에서 온전한 자유를 누리게 되었음을 강변한 후, 이제는 그 자유를 가지고 하나님이 기뻐하시는 뜻을 따라 살아야 한다는 점을 가르치기 시작합니다. 13절에서는 하나님이 우리를 구속하시고 자유롭게 하신 궁극적인 이유에 관해 아주 명확한 문장으로 정리합니다. **"형제들아 너희가 자유를 위하여 부르심을 입었으나 그러나 그 자유로 육체의 기회를 삼지 말고 오직 사랑으로 서로 종노릇하라."**

그런데 이 말씀을 곰곰이 생각해 보면, 얼마나 충격적인 모순을 담고 있는 구절인지를 발견하게 됩니다. 앞 단락에서 바울 자신이 분명 "종의 멍에를 메지 말고 자유로운 자녀로서의 권리를 누리라"고 강조했는데, 곧바로 이어지는 13절에서는 바로 그 자유를 가지고 오히려 서로의 종이 될 것을 명령하고 있기 때문입니다. 매우 역설적인 권면이지요. 역설적이기에 더욱 강렬한 명령입니다.

우리는 율법의 종노릇하던 과거로부터 벗어났습니다. 그리스도인들은 더 이상 율법의 죽은 조항들에게 지배당하지 않습니다. 율법의 정신이자 핵심 가치인 사랑은 하나님의 독생자이신 예수 그리스도에 의해 십자가에서 온전히 성취되었고 완벽하게 계시되었습니다. 그래서 우리는 율법을 문자적으로 지키지 않습니다. 그것은 율법을 온전하게 준수하는 것도 아니고, 오히려 율법주의의 종노릇하는 일에 불과하니까요. 대신 우리는 온전히 복음의 자유를 누리게 되었으며, 할례나 음식법 같은 굴레에 매이지 않고 오직 믿음으로 하나님의 자녀가 되는 복을 얻었습니다. 그런데 바울은 지금 그 자유에 입각해서 되레 종노릇을 해야 한다고 말한 것입니다.

여기에 기독교 신앙의 가장 아름다운 역설이 자리하고 있습니다. 그것은 종의 멍에를 벗고 자유자가 된 우리가 이제는 자진하여 다시 종이 되어야 하는 존재라는 것이지요. 다만 우리가 종노릇해야 하는 대상이 달라졌습니다. 이전에는 율법의 조항이나 전통들, 오늘날로 치면 신앙생활의 수준을 매기는 데 필요한 여러 가지 종교적 기준들에 종노릇했다면, 이제는 우리가 서로를 향해 종노릇하게 된 것입니다. 이전에는 신앙 그 자체의 종이었던 우리가 이제는 나와 함께하는 내 형제자매들, 공동체의 지체들, 이웃들을 위한 종으로 바뀐 것입니다. 이는 매우 중요한 복음의 원리입니다.

바울은 이전에 율법의 종이었던 과거와 이제 사랑으로 서로의 종노릇하게 된 우리의 현재가 완전히 다르다는 사실을 강조합니다. 솔직히 말하자면, 율법의 종노릇은 사랑이 없이도 충분히 가능합니다. 유대인들은 자신들이 율법의 종노릇하는 것을 자신들이 하나님을 사랑하고 경외하기 때문이라고 철석같이 믿었지요. 유대인들에게 사랑이 없었던 것이 결코 아닙니다. 하지만 그들이 스스로 사랑이라 믿었던 것은 결국 종노릇이었습니다. 사랑하기에 스스로 종이 된 것이 아니라, 종노릇하는 상황을 스스로 합리화하기 위해 이것이 사랑이라고 자기 최면을 걸었던 것이지요.

율법의 완성, 이웃 사랑

바울은 14절에서 모든 율법은 **"네 이웃 사랑하기를 네 자신같이 하라"** 하신 한 말씀에서 온전히 이루어진다고 말합니다. 유대인들은 율법의 종이 되면 그것이 하나님을 사랑하는 길이라 믿어 의심치 않았습니다. 하지만 성경 곳곳에서, 특히 예수님의 가르침을 통해 하나님은 사랑에 대한 유대인들의 이러한 생각에 적극적으로 반박하셨습니다.

예수님은 마태복음에서 말씀하셨습니다. **"임금이 대답하여 이르시되 내가 진실로 너희에게 이르노니 너희가 여기 내 형제 중에 지극히 작은 자 하나에게 한 것이 곧 내게 한 것이니라 하시고"** (마 25:40). 유대주의자들은 율법을 지키기 위해서라면 작은 자와 큰 자를 가리지 않고 누구든 희생될 수 있다고 생각했습니다. 또한 율법을 모든 것의 기준으로 삼았기 때문에, 그 기준을 충족하는 자들에게만 사랑과 자비와 긍휼을 베풀어야 한다고 착각했지요. 그런데 예수님은 율법의 근본정신이 바로 지극히 작은 자 하나를 돌아보는 것이며, 이것이 바로 이웃 사랑인 동시에 온전한 하나님 사랑이라고 선언하셨습니다.

예수님의 가르침 가운데 등장하는 '강도 만난 자의 이웃'은 거룩에 대한 의무를 지키기 위해 죽어 가는 사람을 일부러 지나쳐 버렸던 제사장도 아니고, 레위인도 아니었습니다. 율법에 의하면 가장 가증스럽고 부정한 자였던 사마리아인이었습니다(눅 10:25-37 참조). 사마리아 사람은 제사장이나 레위인과 달리 율법에 대하여 자유로웠습니다. 다만 그에게는 죽어 가는 사람을 불쌍히 여기는 사랑의 마음, 곧 율법의 정신이 있었습니다. 그가 사마리아인들과 유대인들 사이에 존재하는 증오와 미움의 벽을 넘어서서 강도 만난 사람을 치료해 주고 여관으로 옮겨 주었을 때 사실은 그에게서 모든 율법이 이루어진 셈이지요.

바울이 강조하는 복음의 자유는 이런 것입니다. 율법에 대하여 온전히 자유로워진 우리가 오히려 그 자유를 가지고 자발적으로, 그리고 적극적으로 이웃을 향한 사랑의 종이 되는 것, 이것이 바로 죄인을 구원하신 예수 그리스도의 의지이며 하나님 아버지께서 기뻐하시는 뜻이라는 것입니다.

■ 육체의 일과 성령의 열매

육체 vs 성령

사도 바울은 갈라디아 지역 교회의 성도들이 오해하지 않기를 바랐습니다. '자유'라는 말을 접했을 때 당시 그리스-로마 사회에서 통용되던 자유의 개념을 떠올리지 않기를 원했지요. 어쨌든 현실적으로는 로마라는 거대한 세속 제국에 속해 있는 갈라디아의 성도들이 바울 자신이 강변하고 있는 복음의 참된 자유를 '육체의 자유' 개념으로 왜곡해 받아들일 가능성이 다분했기 때문입니다.

바울은 교회가 자신의 권면을 곡해하지 않고 복음 안에서 사랑으로 서로 종노릇하게 만드는 아주 독특한 자유, 즉 성령의 자유를 신자들이 깨닫고 누리기를 소망했던 것이지요.

앞에서 언급했듯이, 바울은 이원론적인 사고와 표현을 애용했습니다. 다시 강조하지만, 그는 율법 자체를 거부하지는 않았습니다. 율법 자체가 적그리스도적이라 생각한 적도 없습니다. 다만 그는 믿음에 반하는 유대주의를 비판하기 위해 '율법'과 '믿음'이라는 두 개념적 명칭을 들어 상호 대조하는 일을 반복해 왔지요. 거기에 더해서 바울서신에 자주 등장하는 이원론적인 신학적 개념 두 가지가 있습니다. 그것은 '육체'와 '성령'입니다.

| 사도 바울의 은유_1 |

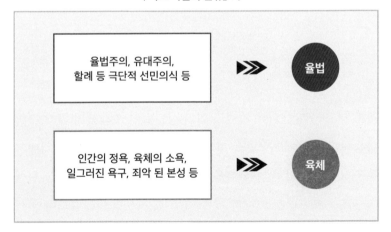

210

바울이 이러한 대조 구문에서 사용하는 '육체'라는 단어는 말 그대로 우리의 몸을 가리키는 것이 아닙니다. 육신을 무조건 악하다고 이해하고, 정신 혹은 영적인 것을 무조건 선하다고 이해한 것은 바울의 가르침이 아니라, 초기 기독교 역사 속 이단 중 하나인 '영지주의'의 주장이지요. 바울은 율법주의와 유대주의 등을 한가지로 '율법'이라 표현했듯, 육체의 소욕, 다시 말해서 인간의 정욕과 죄악 된 본성, 일그러진 욕구 등을 가리킬 때 그것을 한가지로 '육체'라고 표현했습니다. 그리고 이에 대한 반대 개념으로서, 복음의 올바른 방향성이자 하나님이 당신의 자녀들을 인도하시는 인격적인 임재로 '성령'을 제시하지요.

| 사도 바울의 은유_ 2 |

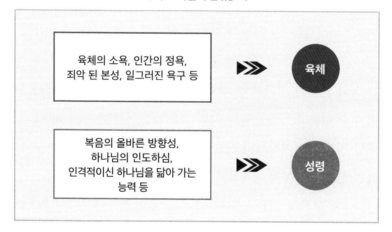

이 둘, 곧 육체와 성령은 서로 대립하고 상반되는 길이자 삶입니다. 결코 타협될 수 없습니다. 그래서 17절에서 바울은 육체의 소욕과 성령은 서로가 서로를 거스르며 한 사람의 내면과 인격 속에 상호 다툼을 벌이고 있다고 말합니다. 그 어떤 사람이라도 육체의 길을 걷든지, 아니면 성령의 인도하심을 따르든지 둘중 하나만 택할 수 있다는 것입니다. 바울은 갈라디아 지역의 성도들이 육체의 소욕이 아닌 성령의 인도하심을 따라 자유를 누려야 한다고 권면합니다. 앞서 바울은 복음을 통해 주어진 자유란 욕망을 실현하기 위해서가 아니라, 사랑으로 서로 종노릇하기 위해 허락된 것이라고 말했습니다.

그렇다면 바울이 가르치고자 하는 자유가 아닌, 당시 그리스-로마 세계에서 '자유인'이라 불리던 사람들이 누린 자유는 무엇일까요? 이어지는 19-21절은 이렇게 설명합니다. **"육체의 일은 분명하니 곧 음행과 더러운 것과 호색과 우상 숭배와 주술과 원수 맺는 것과 분쟁과 시기와 분 냄과 당 짓는 것과 분열함과 이단과 투기와 술 취함과 방탕함과 또 그와 같은 것들이라 전에 너희에게 경계한 것같이 경계하노니 이런 일을 하는 자들은 하나님의 나라를 유업으로 받지 못할 것이요."**

바울 당시의 그리스-로마 세계는 국제 정세가 어느 정도 안정화되고 제국의 강력한 힘으로 평화를 유지하던 시기, 곧 '팍스 로마나'(Pax Romana)에 해당했습니다. 종이 아니라 자유인의 지위에 있던 많은 사람, 특히 로마 시민권을 소유한 이들은 안정적인 경제적 여건과 환경 속에서 매우 풍족하며 쾌락주의적인 삶을 영위하고 있었지요. 현재까지 고린도를 비롯한 여러 도시들을 발굴하며 누적되고 있는 고고학적 자료들은 이 시기 그리스-로마 세계가 향락적이었고 다양한 우상 숭배의 관습들과 더불어 도덕적으로 매우 개방적인 정서를 갖고 있었음을 입증해 줍니다. 당시 자유를 누린다는 것은 곧 이처럼 음란한 시대정신에 깊이 잠기는 일을 뜻했습니다. 인간이 향유할 수 있는 수많은 육체적 쾌락들을 마음껏 탐닉하며 그것을 즐거워하는 삶을 산다는 것을 의미했지요.

바울이 '육체의 일'이라며 나열하는 모든 개념은 마치 멈출 줄 모르는 욕망의 전차와 같았던 그 시대를 오롯이 반영하는 악덕의 항목들입니다. 음행, 더러운 것, 색을 탐하는 것, 우상을 숭배하고, 주술적인 미신에 빠져 사는 것은 물론이고, 서로 원수 맺기를 마다하지 않는 태도, 분쟁과 시기하는 일과 분노에 자신을 내맡기는 것, 당파 싸움에 매몰되는 것, 술을 즐기고 방탕한 삶을 사는 것 등 이 모든 것은 그리스-로마 세계가 강력하게 표방하고 있던 자유로 분류되었습니다. 종이 아니라 자유인의 지위를 누리는 많은 사람이 이 같은 방식으로 그들의 자유를 사용했습니다.

하지만 바울은 담대하게 외칩니다. 이런 세속적인 자유는 하나님이 우리에게 주신 참 자유가 절대 아니라고요. 그는 21절 하반 절에서 "**이런 일을 하는 자들은 하나님의 나라를 유업으로 받지 못할 것이요**"라고 경고합니다.

음행 vs 사랑

바울 당시 자유인들이 누리던 세속적인 자유, 팍스 로마나의 시대정신은 오늘날 우리 사회가 향유하고 있는 쾌락주의적 문화와도 상통하는 부분들이 적지 않습니다. 그런 의미에서 본문을 통해 바울이 비판하고 있는 자유의 잘못된 사용, 방종스러운 삶의 태도들은 우리 자신을 향한 경고의 말씀이기도 합니다.

바울은 하나님이 복음을 통해 신자들에게 주시는 자유란 이처럼 육신의 소욕을 따라가기 위한 도구가 아니라, 오히려 스스로를 낮춰 서로 사랑으로 종노릇하기 위해 주어진 것임을 가르쳤습니다. 그렇게 복음의 원리가 능력으로 신자의 삶 속에 나타나는 것이 바로 성령이 우리 안에 거하시며 맺도록 하시는 '성령의 열매들'입니다. "**오직 성령의 열매는 사랑과 희락과 화평과 오래 참음과 자비와 양선과 충성과 온유와 절제니 이 같은 것을 금지할 법이 없느니라**"(갈 5:22-23).

흔히 이 구절을 가리켜 '성령의 아홉 가지 열매'라 부릅니다. 하지만 많은 주석가가 앞서 육체의 행위와 마찬가지로 성령의 열

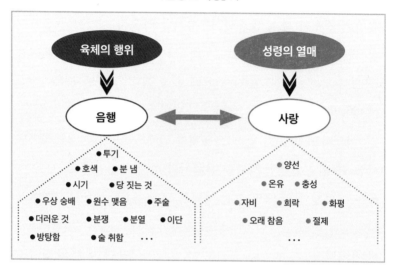

매들 역시 궁극적으로는 모두 하나의 미덕으로부터 발출된다는 사실을 지적합니다. 그것은 바로 '사랑'입니다. 다시 말하자면, 성령의 열매는 결국 사랑이라는 것입니다.

　도표에서 볼 수 있듯이, 모든 육체의 행위는 음행으로부터 출발합니다. 그리고 모든 성령의 열매는 사랑에서 발출됩니다. 우리에게는 사실상 두 개의 길이 주어져 있는 셈이지요. '내 육신의 소욕과 정욕을 따라 음행의 길을 걸을 것인가, 아니면 성령 하나님의 인도하심을 따라 사랑의 길을 걸을 것인가?' 바울이 이처럼 음행과 사랑을 서로의 대척점으로 두면서 그리스도인의 참된 자유에 관해 설명하는 이 부분은 정말 탁월한 표현이 아닐 수 없습니다.

우리는 보통 음행이라고 하면 성적으로 음란한 행동만을 떠올리는 경우가 많지 않습니까? 하지만 바울이 지적하는 음행은 성적인 음란을 가리키기보다는 더욱 큰 상위 개념입니다. 왜냐하면 그가 육체의 일들을 나열할 때 음행 외에도 호색이라는 개념이 따로 언급되기 때문입니다.

그렇다면 바울이 말하는 육체의 일에 있어 가장 대표적이면서 또 가장 근원적인 악덕인 음행이란 대체 무엇일까요? 사도 바울은 이렇게 정의 내립니다. 성령의 열매 중 핵심이면서 가장 근원적인 미덕인 사랑이 예수님의 십자가에서 나타난 숭고한 복음적 자기희생(나를 버림으로써 너를 살리는 희생)이라면, 음행은 정확하게 그 반대되는 모든 행위라고요. 다시 말해, 너를 이용하고 희생시켜 나를 살리고 이롭게 하는 가치관, 내 이익과 만족을 위해 타

| 음행 vs 사랑_ 2 |

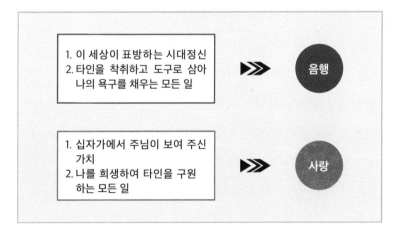

216

인을 얼마든지 도구로 삼고 착취하는 모든 악한 행동들이 바로 음행의 광의적인 의미인 것입니다.

당시 그리스-로마 세계에서 일어났던 모든 음행을 상기해 보십시오. 그리고 오늘날 우리 사회에서 일어나고 있는 수많은 음행에 관해서도 한번 생각해 봅시다. 개인이 저지르는 성적인 음란뿐 아니라 전방위적으로 만연하게 일어나는 사회적인 착취와 부조리한 갑질 등 사실 이 모든 것이 육체의 소욕을 따라 발생하는 음행입니다.

그리스도의 십자가로 구원받은 하나님 나라의 백성은 바로 이러한 음행을 끊어 내고, 성령이 이끄시는 대로 사랑의 열매들을 거두는 자들입니다. 주님이신 예수 그리스도가 온 우주의 왕이심에도 스스로를 가장 낮은 자리에 두어 십자가에 달리신 것처럼, 우리 역시 그리스도가 먼저 가신 십자가의 길, 나를 던져 이웃을 구원하고 서로 종노릇하는 바로 그 길을 가는 존재로 부르심을 받은 것입니다. 타인을 착취하고 희생시키고 도구 삼아서 나를 높이고 채우는 길이 아니라요. 그것이 인간의 연약한 육신으로는 할 수 없는 경지이기에, 신자의 마음에 함께하시는 성령이 주시는 자유로 이루어 가는 것입니다.

우리의 생각에 자유란 그것을 이용하여 나 자신을 좀 더 채우고, 나를 윤택하게 만들고, 나를 행복하게 하고, 나를 높이기 위해 존재하는 그 무엇입니다. 하지만 사도 바울의 지적에 따르면, 하나님이 우리를 자유케 하신 이유는 다른 데 있습니다. 그것을 이용하여 자기 자신을 채우거나 높이는 것이 아니라, 도리어 스스로를 더욱 낮추고 비움으로써 내가 사랑해야 할 다른 이들을 채우고 높이기 위함입니다. 이 같은 자유의 가장 강력한 모범이 바로 우리 주 예수 그리스도의 십자가입니다. 주님은 온전한 자유로써 자신에게 주어진 모든 권세와 능력을 우리 모두를 위해 십자가에서 오롯이 내어 주셨습니다. 이것이 바로 복음의 참된 자유입니다. 이것이 바로 "사랑으로 종노릇하라"는 하나님의 뜻이며, 바울이 갈라디아의 성도들에게 가르친 그리스도인의 진정한 사명입니다.

■ 성령이 하시는 가장 중요한 일, 사랑

하나님이 예수 그리스도를 통해 우리를 십자가의 대속 사역으로 구원하신 것은 율법의 종노릇하던 죄인들을 건져 내어 복음의 참된 자유를 주시기 위함이었습니다. 이미 수차례 살펴본 것처럼, 율법의 행위를 신앙의 기준으로 삼고 그것으로 하나님의 의에 도달하고자 하는 유대주의는 오히려 율법을 지킬 능력이 되는 자와 지키지 못하는 자 사이를 서로 나누고 차별하며 증오하게 만드는 죄와 사망의 법이었습니다. 믿음으로 의롭게 된다는 것은 먼저 이러한 차별과 구분의 장벽을 무너뜨리는 일을 의미합니다. 당시 유대인들에게 천대의 대상이었던 이방인이나 여성, 장애인이라 해도 오직 믿음만 있다면 누구든지 하나님의 백성이 될 수 있다는 자유의 선언입니다. 이것이야말로 진정한 복된 소식이지요.

하지만 이렇게 우리가 얻은 자유는 결코 세속 사회의 자유인들이 누리는 그것과 같지 않습니다. 세상은 자유를 '내 마음대로 모든 것을 할 권리'라고 정의합니다. 세상은 자유를 가진 자는 무엇이든 할 수 있으며, 마땅히 그렇게 해야 한다고 속삭입니다. 나의 자유로운 권리로 타인을 무너뜨리고, 그를 착취하며, 인간을 도구로 삼으라며 우리를 미혹합니다. 이것은 자유처럼 보이지만 실상은 방종이며 죄악입니다. 자유의지를 가지고 선악과를 따 먹었던 아담과 하와처럼, 자유를 악용하여 하나님의 형상인 내 이웃을 파괴하고 죽이는 모든 일은 바로 육체의 일이요 음행입니다. 이것은 그리스도인이 지향해야 할 자유가 결코 아님을 바울은 강조합니다.

그렇다면 그리스도인의 진정한 자유란 어떤 것입니까? 나의 자유로운 판단과 행동으로, 나의 모든 권리와 능력과 마땅한 권한을 가지고 내 형제자매들과 지체들, 이웃을 섬기는 일에 전력을 다하는 것입니다. 자유를 통하여 나를 채우는 행위를 음행이라 한다면, 자유를 통하여 나를 낮추고 내 이웃들을 채우는 행위를 성경은 사랑이라고 부릅니다. 예수님이 십자가에서 우리를 향해 하신 일처럼, 사랑은 자신을 낮추고 비워 남을 구원하고 높이는 행위입니다. 사실은 사랑이야말로 율법의 핵심 가치이자 궁극적인 정신입니다. 사랑이야말로 하나님 나라의 제일가는 원리이며, 하나님이 우리를 그 아들의 은혜로 구속하신 진짜 목적입니다.

"만일 우리가 성령으로 살면 또한 성령으로 행할지니 헛된 영광을 구하여 서로 노엽게 하거나 서로 투기하지 말지니라"(갈 5:25-26). 이 두 구절은 신자들이 성령 하나님을 의지하는 삶을 살 때 서로를 세워 주고 자신을 마땅히 내어 주는 경지로 나아갈 수 있다는 진리를 이야기합니다. 서로 노엽게 하는 것, 서로 투기하고 다투는 것은 음행으로부터 옵니다. 하지만 우리가 서로를 위해 자신을 낮추고 희생한다면, 그곳에는 하나님의 놀라운 평화가 임할 것입니다. 성령의 열매들이 풍성하게 맺힐 것이며 온전한 자유의 기쁨과 감사가 넘칠 것입니다. 교회가 바로 그런 공동체가 되어야 한다고 바울은 우리에게 이야기하고 있고, 바로 그런 공동체를 창조하기 위해 주님은 당신의 모든 것을 내어 주셨습니다.

우리는 복음 안에서 자유롭게 된 하나님의 백성입니다. 종의 멍에를 벗어던지고 하나님이 주신 참된 자유를 얻었습니다. 그런데 우리는 이제 이 자유를 가지고 다시 한 번 종의 자리로 나아갈 것을 부름 받습니다. 이전에 우리는 율법의 종으로서 나 자신의 종교심과 욕망에게 종노릇하며 살았지요. 심지어 그것은 우리 자신도 깨닫지 못하는 사이에 이루어진 일들이었습니다. 하지만 이제는 자발적으로, 기쁜 마음으로 스스로 종의 자리에까지 내려가라는 하나님의 부르심을 듣습니다. 종교적 기준과 율법 조문들에게 종노릇하는 것이 아니라, 내 옆에 있는 바로 그 지체의, 그 이웃의 종이 되는 것이 주님의 뜻입니다. 사랑으로 너와 내가 서로를 섬기며, 예수님을 대하듯 서로를 대하는 것이 바로 성령 하나님의 목적입니다. 삼위 하나님은 그렇게 우리를 자유롭게 하시고, 자유로운 종으로 교회를 세워 가게 하시며, 그러한 삶으로 당신께 영광 돌리도록 만드시는 분입니다.

이 땅의 모든 교회와 신자들이 하나님이 기뻐하시는 뜻을 따라 사랑으로 서로 종노릇하기를 즐거워하는 진짜 자유인들이 되기를 소원합니다. 그리스도인들이 자신에게 주어진 자유를 악용하여 음행의 능력으로 삼거나 방종으로 나아가지 않고, 그것을 통해 나를 높이거나 세우려 하지 않고, 도리어 나를 낮추어 스스로 종의 자리까지 내려가기를 기뻐하는 삶을 향유할 수 있기를 바랍니다. 가장 낮은 자리에서 가장 비천한 모습으로 존재하는 것처럼 보여도, 사실은 세상에서 가장 자유롭고 행복한 성령의 사람으로 살아갈 수 있습니다. 그 모범을 보이신 하나님의 아들 예수 그리스도를 사랑하는 마음만큼 사랑과 희락과 화평과 오래 참음과 자비와 양선과 충성과 온유와 절제 등 성령의 거룩한 열매들을 풍성히 맺어 갈 수 있기를 진심으로 기도합니다.

- 하나님이 주신 자유로 서로에게 종노릇하는 복음의 역설
- 육체와 성령은 서로 대립하는 길이자 삶, 타협 불가
- 모든 육체의 행위의 시작은 '음행', 모든 성령의 열매의 시작은 '사랑'
- 음행은 타인을 도구로 삼고 착취하는 모든 악한 행동
- 사랑은 예수님의 십자가에 나타난 숭고한 복음적 자기희생

- 사랑으로 종노릇, 육체의 행위, 성령의 열매, 음행, 사랑, 진짜 자유인

적용과 나눔

적용

1. 죄와 사망의 종노릇하던 우리를 예수 그리스도가 자유케 하셨습니다. 성도들의 자유는 하나님을 기쁨으로 경배하고 이웃을 자발적으로 섬기기 위해 허락된 선물입니다. 자유 안에 있는 우리는 자발적으로, 적극적으로, 무엇보다 기쁨으로 하나님을 예배합니다. 또한 공동체의 지체들과 교회 밖 이웃들에게 종의 모습으로 나아갑니다.

   그리스도인의 자유는 서로를 위한 종노릇을 위해 주어졌습니다. 제자들의 발을 씻기셨던 주님처럼, 우리 또한 기꺼이 형제자매와 이웃들을 위한 종이 됩시다. 오늘 완전한 자유 가운데 나 자신을 더 낮춰 보는 하루를 보냅시다.

2. 사랑과 음행, 이 둘은 예수님이 우리에게 보여 주신 미덕과 세상이 우리에게 부추기는 악덕의 대표 격이라 부를 만합니다. 사랑의 본질은 '너를 위해 나를 내어 주는 것'입니다. 이 원리는 예수님이 지신 십자가에서 가장 잘 드러납니다. 반면, 음행의 본질은 '나를 위해 너를 이용하고 착취하는 것'입니다. 여기서 시기와 분노, 호색, 분열, 우상 숭배 등 모든 죄악이 솟아납니다.

   혹시 내가 속한 교회가 이러한 육체의 일들로 인해 어려움을 겪고 있다면, 이 상황을 타개하기 위해 먼저 나 자신을 종처럼 내어 주고 배려하고 양보하는 자세를 취하십시오. 공동체를 회복하고 성령의 열매들을 맺기 위한 신앙의 동역자들을 모으십시오. 세 겹 줄은 쉽게 끊어지지 않는다는 말씀에 기대어(전 4:12) 합력함으로써 육체의 일들을 극복하고 성령의 열매들을 맺도록 노력해 보십시오.

▌ 나눔

1. 복음 안에서 얻은 자유를 이용해 도리어 나를 종과 같이 낮추고, 다른 이들을 위해 나를 희생하고 내어 주는 사랑의 결실이 성령의 아홉 가지 열매들로 나타납니다. 하지만 우리는 여전히 겸손보다 교만이 쉽고, 희생보다 요구가 익숙한 사람들입니다. 예수님을 믿고 그분의 백성이 된 사람들조차 삶 속에서 성령의 열매들을 맺으며 살기 어려운 이유는 무엇일까요?

2. 성령의 아홉 가지 열매들 중 그동안 내가 가장 많이 맺고 살아온 덕목은 어떤 것이고, 하나님 앞에서 지금의 내가 가장 자신 있는 열매는 무엇입니까? 각자의 생각을 주고받으면서 서로 칭찬하고 독려해 봅시다.

낙심하지 않는 민음

6:1-10

∞

죄의 문제 앞에 나 역시 연약한 자임을 깨닫고,
죄를 범한 형제자매를 긍휼히 여기며,
나 역시 남들 앞에 자랑할 것이 없음을 깨닫고
겸손히 자신의 자리를 지키는 것,
이것이 바로 내 짐을 내가 스스로 지는 것이요,
책임감 있는 신자로 하나님과 이웃 앞에 서는 길입니다.

■ 성령의 열매를 맺는 구체적 방법

헌신과 책임

이 강의 본문인 갈라디아서 6장 1-10절은 두 개의 단락으로 나눌 수 있습니다. 먼저는 1-6절로서, 성령의 열매를 맺는 삶과 공동체에 관한 좀 더 세부적인 권면들입니다. 그리고 7-10절은 이러한 성령의 삶을 반드시 지켜야 하는 이유를 가르쳐 줍니다.

첫 번째 단락을 분석해 보면, 성령의 열매를 맺는 구체적인 방법에 관해 사도 바울이 제시하는 두 가지 미덕이 있는데, 그것은 '헌신'과 '책임'입니다. 여기서 바울의 독특한 역설적 수사법을 다시 한 번 발견하게 됩니다. **"너희가 짐을 서로 지라 그리하여 그리스도의 법을 성취하라"**(갈 6:2). **"각각 자기의 짐을 질 것이**

라"(갈 6:5). 흥미롭게도 두 구절은 마치 상호 모순처럼 보입니다. 2절에서는 짐을 서로 지라고 말한 후 5절에서는 각각 자기의 짐을 지라고 이야기하니까요. "짐을 서로 지라"는 명령과 "각각 자기의 짐을 지라"는 상호 모순되는 말들을 어떻게 이해하고 받아들여야 할까요?

바울은 1절에서 모순처럼 보이는 두 가지 명령을 하나의 구체적인 상황을 통해 알기 쉽게 적용해 줍니다. **"형제들아 사람이 만일 무슨 범죄한 일이 드러나거든 신령한 너희는 온유한 심령으로 그러한 자를 바로잡고 너 자신을 살펴보아 너도 시험을 받을까 두려워하라."** 바울은 성령의 열매를 맺는 일상과 공동체의 구체적인 맥락을 보여 주기 위해 예를 들어 설명합니다. 그것은 놀랍게도 교회 내 누군가 죄를 지었으며, 그를 치리해야 하는 순간입니다.

바울은 지금 교회들, 더 나아가서 그리스도인들이 성령의 열매를 맺게 되는 구체적인 순간으로서 공동체가 그 내부의 범죄한 사람을 다루는 경우를 제시한 것이지요. 공동체 안에서 어떤 범죄가 발생했을 때 '신령한 너희', 곧 성령의 능력에 힘입어 살아가는 그리스도인들은 그를 당장 정죄하고 비난하고 난폭하게 축출하기보다는 일단 온유한 마음으로 죄지은 사람을 바로잡아 주어야 하며, 그것이 성령의 열매를 맺는 구체적인 방법 중 하나라고 이야기한 것입니다.

앞서 언급했듯이, 성령의 열매가 교회 안에서 맺히는 모양은 크게 두 가지로 드러납니다. 공적인 차원에서는 서로를 향한 헌신으로 드러나고, 사적인 차원에서는 스스로에 대한 책임으로 나타나지요. 그래서 2절과 5절에 "짐을 서로 지라"는 명령과 "각각 자기의 짐을 지라"는 모순된 명령이 기록된 것입니다.

여기서 우리는 '짐을 서로 진다'는 헌신의 개념에 관해 생각할 때 그저 (공동체 내에서의) 봉사를 떠올립니다. 교회 안에 있는 가난한 사람 혹은 아픈 사람을 적극적으로 돕거나, 필요한 부서 사역에 뛰어들거나, 아니면 예배나 교제를 더 풍성하게 만들어 주는 이런저런 일들을 떠맡는 장면을 상상하지요. 책임 역시 마찬가지입니다. 우리는 "각각 자기의 짐을 지라"라는 말씀을 그저 나 스스로를 잘 다스리고, 몸과 마음을 잘 간수하고, 언행을 똑바로 하며, 내 행동에 내가 온전히 책임을 지는 것이라 이해하기 쉽습니다.

하지만 사도 바울은 헌신도, 책임도 더 구체적인 맥락으로 끌고 들어갑니다. 그것은 우리가 거리낄 만한 죄의 문제 앞에서, 잘못을 저지른 사람을 상대로 보이게 되는 '자비'와 '겸손'으로 나타난다는 것입니다. 좀 더 풀어서 설명하자면, 헌신은 죄인을 대하는 자비의 모습으로, 책임은 죄 앞에서 자신을 돌아보는 겸손으로 화한다는 뜻이지요.

성령 하나님의 인도를 따라 살며 그 열매가 풍성히 맺히는 공동체를 세우는 일은 일차적으로 '죄와 죄인의 문제를 어떻게 대할 것인가?'라는 도전으로 다가옵니다. 내가 아무리 많은 봉사를 감당하고 구제를 도맡는다 해도, 다른 사람을 여전히 미워하고 싫어하는 마음을 가진 채 용서하고 싶은 생각이 전혀 없는 중에 행한다면 그것은 결국 헌신의 탈을 쓴 위선에 불과합니다. 마찬가지로 우리가 스스로를 아무리 잘 통제하고 책임감 있는 삶을 지향한다 해도, 공동체 내부의 상처 앞에서 거들먹거리면서 나 자신을 더욱 낮추지 못한다면 그것은 진정한 책임이라 부를 수 없습니다. 복음 안에서 책임감 있는 존재가 된다는 것은 결국 겸손히 나를 낮출 때 비로소 가능한 일이기 때문이지요.

공동체 내부의 죄악에 맞서야

실제로 우리가 신앙생활을 하며 가장 어려워하는 일이 바로 이것입니다. 한 지체가 죄를 저질렀습니다. 그것은 사소한 잘못일 수도 있고, 어쩌면 아주 심각한 죄악일 수도 있습니다. 대개 이런 사례들은 가해자와 피해자가 명확하지요. 그 경우 우리가 잘못한 사람을 비난하고 정죄하거나 배제하고 쫓아내는 것은 생각보다 쉽고 간단한 일입니다. 마치 채소를 다루다가 조금 상한 부분이 발견되었을 때 그 부분만 잘라 내는 것처럼 말이지요.

하지만 어떤 때는 가해자와 피해자가 모호한 경우도 있습니다. 누군가 확실한 죄를 지었고 그로 인해 피해를 입은 상대가 존재하는 경우가 아닌, 서로가 서로를 지속적으로 미워하고 증오하며 상호 간에 불화를 쌓아 가는 일이 대표적입니다. 이런 상황은 그 자체로 당사자들뿐 아니라 공동체 전체에 심각한 피해를 끼칩니다. 이 역시 주님의 몸 된 교회 내에서 발생할 수 있는 무시무시한 죄악들 가운데 하나입니다. 이때 우리가 선택하는 길은 보통 둘 중에 하나입니다. 잘못을 눈 감고 모르는 척 넘어가면서 자신은 평안을 누리거나, 아니면 이런 상황을 더 이상 견딜 수 없다는 이유로 공동체를 아예 떠나 버리는 것이지요.

어떤 경우든지, 우리가 잘못한 지체를 용서하고 끌어안음으로 그로 하여금 온전히 돌이키게 만드는 일은 끔찍할 정도로 어렵습니다. 가해자와 피해자가 뚜렷할 때나 가해자와 피해자의 명확한 구분 없이 서로 미워하고 반목하는 상황이 발생할 때나 마찬가지입니다. 우리는 자신의 편의를 위해 미워하거나 혹은 무시하거나, 둘 중 하나를 택하기 쉽지요.

하지만 바울은 강한 어조로 명령합니다. 온유한 마음으로 죄지은 자를 대하여 바로잡아 주라고 말입니다. 어떻게 보면, 죄지은 사람을 단순히 공동체 밖으로 내쫓는 일은 생각보다 어렵지 않습니다. 반면에 죄지은 자를 용납하고 다시 받아들여 그의 잘못으로 인해 발생한 모든 피해를 공동체가 함께 감당하는 것은 매우 고통스러운 해결책입니다. 상처 입은 자와 상처 입힌 자, 양자 모두를 위해 같이 기도하면서 천천히 회복되기를 기다려 주는 일은 사랑 없이는 절대 취할 수 없는 방책입니다. 여전히 내 체면이나 편의가 타인보다 소중하고 귀하다면 내릴 수 없는 결단이자 위대한 헌신입니다. 하지만 이것이 서로의 짐을 지는 기본적인 방식이라고 바울은 제시합니다. 그리고 이 방법이 그리스도의 법을 우리 안에 성취하는 길이라고도 말합니다.

아울러 우리는 죄를 지은 사람을 용서하고 그를 온유하게 대하여 바로잡는 데서 그치지 않고, 스스로를 돌아보며 죄를 지은 그보다 내가 더 낫다거나 그에게 용서의 시혜를 베푼다는 생각 역시 내려놓아야 합니다. 형제자매를 바로잡아 주는 일만큼 중요한 것은 나 자신을 조심스레 되돌아보는 일입니다. 자기 눈 속에 있는 들보를 먼저 빼낸 후 형제의 눈 속에 있는 티끌을 빼 주라는 주님의 명령처럼(마 7:5), 우리 자신은 각자 하나님 앞에 성령의 열매들을 잘 맺고 있는지 자가 점검하는 작업을 끊임없이 이어 가야만 하지요. 이것이 5절, **"각각 자기의 짐을 질 것이라"**라는 명령의 구체적인 해설입니다.

물론 이 가르침을 오해하는 사람들도 많습니다. 공동체 내부에서 분명히 범죄가 일어났는데, 그것을 선악 간에 판단하거나 교회의 권세로 권징하지도 않은 채 그저 '나도 똑같은 죄인이야', '비판하지 말고 나부터 잘해야지'라고 생각하며 죄의 문제를 공정하게 다루지 않고 회피하는 도구로 삼아 버리는 경우지요. 여기에

다 교묘하게 어떤 한 문장까지 가져다 붙이면, 교회 안에서 일어난 그 어떤 문제라도 요리조리 피해 갈 수 있게 됩니다. 바로 "모든 것은 하나님이 판단하고 심판하신다"라는 문장입니다.

사도 바울이 이야기하는 각각 자기의 짐을 지는 책임이란 그런 식의 비겁한 회피가 아닙니다. 그것은 마치 상대가 존재하지 않는 쉐도우 복싱을 열심히 하면서 스스로 무적의 복서라는 착각에 빠지는 어리석음과 흡사합니다. 문제를 해결할 노력은 전혀 기울이지 않으면서 다 해결됐다는 자기 최면에 빠지는 우를 범하는 셈이지요. 바울은 먼저 죄지은 자를 정당하게 권징한 후 그를 다시금 공동체가 품어 주어야 한다고 분명하게 명령했습니다. 그러고 나서 죄가 휩쓸고 간 상처를 함께 힘을 모아 치유하는 와중에, 동일한 죄를 아직 범하지 않은 나 자신은 교만에 빠지지 말고 겸손해야 한다고 주문한 것입니다.

죄의 문제 앞에 나 역시 연약한 자임을 깨닫고, 죄를 범한 형제자매를 긍휼히 여기며, 그들보다 내가 선하거나 우월하다는 착각에 빠지지 않는 것, 나 역시 남들 앞에 자랑할 것이 없음을 깨닫고 겸손히 자신의 자리를 지키는 것, 이것이 바로 내 짐을 내가 스스로 지는 것이요, 책임감 있는 신자로 하나님과 이웃 앞에 서는 길입니다. 이것이 성령의 열매를 개인적인 영역에서 맺어 가는 하나의 구체적인 모습이지요. 이 땅의 모든 교회와 신자들이 이 같은 헌신과 책임의 행동들을 할 수 있기를, 즉 우리 안에서 죄를 범한 지체들과 서로 다투는 형제들을 용서하고 그를 바로잡아 하나님 앞에 회복된 신자로 일으켜 줄 수 있기를 소원합니다. 이러한 구체적인 정황들 속에 성령의 열매인 사랑을 풍성하게 맺어 내기를 간절히 바랍니다.

■ 낙심하지 않는 믿음을 가지려면

고통을 나누듯 즐거움도 나눠야

7절부터 시작되는 두 번째 단락을 다루기 전에, 바울서신 전체를 통틀어 가장 의아한 한 구절을 짚어 보고자 합니다. 6절, "**가르침을 받는 자는 말씀을 가르치는 자와 모든 좋은 것을 함께하라**"라는 말씀입니다. 사실 이 구절은 많은 신약학자를 당황시키는 문장입니다. 앞뒤 문맥과도 아무런 개연성이 없어 보이고, 정작 이 말을 한 바울 본인은 복음 전도와 가르침에 대한 사례를 받지 않고자 천막 만드는 일을 하며 교회들을 세운 경우가 많았기에 굉장히 모순되는 구절이라 할 수 있겠습니다. 그래서 어떤 학자들은 이 구절을 아마도 후대의 누군가가 자신의 간절한 염원을 담아 몰래 끼워 넣은 것이 아닐까 추측하기도 합니다. 하지만 이 구절 역시 사도 바울이 직접 한 말이라고 생각합니다.

그 근거는 바로 1절 때문입니다. 자세히 들여다보면, 1절과 6절은 비슷한 이야기를 하는데 정반대의 상황을 가리키는 것처럼 보입니다. 우리가 앞서 살펴본 1절은 공동체 안에서 일어날 수 있는 고통스럽고 어려운 상황을 묘사합니다. 누군가 죄를 범했고, 그로 인해 피해가 발생하고 공동체가 타격을 입었습니다. 바울은 바로 이때 헌신과 책임을 통해 성령의 열매들을 맺어야 한다고 가르쳤지요. 죄지은 자를 단박에 끊어 내거나 버리지 말고, 먼저 그에게 기회를 주면서 그를 바로잡아 주라고 권면했습니다. 그렇게 공동체의 구성원들이 함께 고통을 감내하는 과정을 통해 성령의 열매인 사랑과 희락과 화평과 오래 참음과 자비와 양선과 충성과 온유와 절제가 그 구체적인 맥락 속에 맺힌다고 말이지요.

반면에 6절의 상황, 곧 하나님의 말씀이 선포되고 그것을 가르치는 자와 그 가르침을 받는 자가 함께 좋은 것을 누리는 모습은 1절과 상반되는 맥락입니다. 1절은 공동체가 고통과 절망 앞에 서 있는 상황이라면, 6절은 반대로 공동체가 하나님의 말씀을 나누며 배우는 매우 희망적이고 고무적인 상황이지요. 그런데 이때도 바울은 공동체가 모든 것을 함께 나누라고 명령합니다. 힘들고 어려울 때는 함께 그 죄와 상처를 극복해 나가고, 말씀 가운데 든든히 서 가고 있는 순간에도 역시 교회는 모든 것을 함께 나누며 함께 세워져 가야 한다는 의미입니다.

6절은 교인들이 가진 가장 좋은 것들을 목회자를 위해 다 내놓아야 한다는 황당한 착취 명령이 아닙니다. 6절을 자세히 읽어 보면 나눔과 공유의 의무는 가르침을 받는 자에게만 있는 것이 아님을 알 수 있습니다. 모든 좋은 것을 다 '주어야 한다'(give)가 아니라, 모든 좋은 것을 '함께하라'(share)고 명령하고 있기 때문이지요. 말씀을 가르치며 공동체를 이끌어 가는 리더든, 리더와 더불어 교회를 세워 가는 입장이든 죄의 문제로 인한 위기뿐 아니라 가장 희망적이고 평온한 상황에서도 우리는 모든 좋은 것을 함께 나누고 공유해야 합니다. 그것이 아름다운 교회 공동체를 이루며 그 안에서 성령의 열매를 풍성하게 맺어 가는 방법임을 사도 바울은 갈라디아의 신자들에게 가르쳐 준 것입니다.

이처럼 우리 안에 성령의 열매를 맺어 가는 일은 교회의 지경을 확장하며 온 세상에 사랑의 씨앗을 뿌리는 사역이 되기도 합니다. 풍성하게 맺힌 과실은 나무에서 땅으로 떨어집니다. 떨어진 열매로부터 씨앗이 발아하고, 그것은 또 다른 나무로 성장해 다시금 열매를 맺어 가지요. 마찬가지로 우리가 서로를 향해 헌신하고 용납하며 자비를 베푸는 등 모든 좋은 것을 함께 나눌 때 먼저 교회 안에서 성령의 열매들이 맺힙니다. 그것이 또 다른 사랑의 씨앗이 되어 뿌려지고, 또다시 열매를 맺으면서 '성령의 선순환'이라는 선한 폭풍이 일어나게 됩니다.

뿌린 자는 반드시 거둘 것을 기억하라

사도 바울은 7절에서 우리가 무엇으로 심든지 심은 그대로 거두게 될 것을 기억하라고 권고합니다. 육체의 행위들, 곧 음행으로부터 출발하는 미움과 음란과 당 짓는 일과 방탕함 등을 좇아간다면, 결국 우리의 일상과 공동체에서 맺히는 열매들은 그런 수준에 지나지 않을 것입니다. 인간이 자기 자신까지 속일 수는 있어도, 하나님은 결코 인간에게 속지 않으십니다. 우리는 악을 행하면서 선을 거둘 수 있는 것처럼 위선을 떨지만, 하나님은 업신여김을 받지 않으시는 분입니다(갈 6:7). 육체를 심은 자는 육체를 거두게 하시고, 성령으로 사랑을 심은 자는 사랑의 풍성한 열매들을 거두게 하시지요.

오늘날 우리 안에, 교회 공동체들 가운데 어떤 열매들이 맺히고 있는지를 곰곰이 바라보십시오. 결국 우리가 지금껏 무엇을 심어 왔는지 보게 될 것입니다. 우리가 속해 있는 공동체는 육체의 열매, 미움과 차별과 음행의 열매를 맺고 있을까요, 아니면 사랑과 자비와 양선 등 성령의 열매를 맺고 있을까요? 우리 안에 성령의 아홉 가지 열매들이 풍성하게 맺히기를, 우리가 죄지은 형제자매를 용납하고, 자비를 베풀고, 그 앞에서 겸비하여 스스로를 낮추는 중에 하나님의 일하심이 충만하게 나타나기를 간절히 소망합니다.

'씨앗'과 '열매'라는 바울의 비유는 또 하나의 중요한 진리를 우리에게 전달해 줍니다. **"우리가 선을 행하되 낙심하지 말지니 포기하지 아니하면 때가 이르매 거두리라"**(갈 6:9). 씨앗을 뿌리면 반드시 그 열매를 수확할 때가 온다는 원리는 너무나 자명합니다. 이 진리를 빗대어서 바울은 우리가 선을 행하면 반드시 그에 상응하는 성령의 열매를 맺을 것이라는 사실을 강조합니다. 그러므로 우리는 낙심하지 말아야 하며 포기하지 말아야 합니다.

봄에 파종해 놓고 가을이 다가오기 전에, 왜 벼가 완전히 익지 않느냐며 농사를 포기해 버리는 농부는 없습니다. 마찬가지로 우리는 선을 행하되 절대로 포기하지 말아야 합니다. 내가 베푸는 선이, 사랑이, 자비가, 온유함과 오래 참음이 반드시 하나님의 능력으로 열매를 맺을 것이라는 사실을 신뢰해야 합니다. 그것이 바로 믿음입니다. 다른 것이 믿음이 아니라, 하나님이 반드시 열매 맺게 하신다는 사실을 굳게 붙잡는 것이 믿음입니다.

우리는 두어 번 시도해 보고는 자신이 기대하던 결과나 반응이 나오지 않으면, 내가 선을 베풀었는데 상대가 악으로 갚아 버리는 상황을 몇 번 경험하면, 내가 아무리 자비를 베풀어도 상대방이 절대 변하지 않을 것처럼 느껴지면 낙심하거나 포기해 버리고 맙니다. 사도 바울은 갈라디아 성도들에게 포기하지 말라고 부탁합니다. 지금 당장은 마음이 상하고 지치더라도, 손해를 보고 절망만 돌아온다 해도 하나님이 반드시 내가 심은 사랑의 씨앗에 합당한 성령의 열매들을 주실 테니까요. 주님을 신뢰하는 그 믿음이야말로 열매 맺음에 필요한 비료와 같기 때문입니다.

바울은 이어서 **"모든 이에게 착한 일을 하되 더욱 믿음의 가정들에게 할지니라"**(갈 6:10)라고 권면합니다. 같은 공동체의 지체를 사랑하지도 않으면서 밖에 있는 이웃들을 사랑한다고 말하는 것 역시 위선입니다. 아마도 바울은 같은 공동체 안에 있는 사람을 사랑하기는 더욱 어렵고 고통스럽다는 사실을 너무나 잘 알기에 이런 권면을 한 것이 아닐까요?

우리도 경험해 보아서 잘 알지 않습니까? 자주 대면할 필요가 없는 이웃에게 선을 베풀기는 생각보다 쉬워도, 가까이에서 자주 대면해야 하는데 상대하기는 너무 힘든 누군가를 사랑하는 일이 훨씬 더 어렵다는 것 말이지요. 하지만 정말 보고 싶지도 않은 바로 그 사람이 심지어 범죄까지 저질렀다 해도 끝까지 품고 그를 바로잡아 세워 가며 '함께 나아가는 것'이 성령의 공동체, 교회입니다. 그것이 진정한 하나님 나라의 표상입니다.

바울은 이러한 성령의 열매 맺는 사역이 우리 인간의 본성으로부터는 나올 수 없다는 것을 잘 알았습니다. 죄와 사망의 지배를 받는 자들에게서 이러한 영생의 아름다운 열매가 맺힐 수가 없지요. 우리로 하여금 열매 맺게 하시는 분은 오직 성령이시며, 성령이 우리와 우리 교회들로 하여금 생명나무가 되게 하셔서 당신의 열매들을 풍성하게 수확하실 것입니다. 그래서 바울은 다음 강에서 살펴볼 갈라디아서의 마지막 본문(갈 6:11-18)을 통해 우리가 닮아 갈, 영생의 열매를 맺게 해 주는 영생의 비밀을 소개해 줄 것입니다. 그 이름은 바로 '십자가에 죽으신 예수 그리스도'입니다.

■ 서로 사랑으로 끌어안는 공동체, 교회

우리가 성령의 열매를 맺는 구체적인 사례와 정황에 대해 사도 바울은 뭔가 대단하고 아름답거나 거창한 상황을 제시하지 않습니다. 교회가 지역 사회의 가난한 자들을 대규모로 구제하는 일이 '서로의 짐을 지는 일'이라고 말하지 않습니다. 신자들이 각자 정한 분량의 기도나 말씀 연구에 매진하여 놀라운 영적 성취를 이루는 것이 '각각 자기의 짐을 지는 일'이라는 식으로 이야기하지 않습니다.

바울은 오히려 공동체가 언제든 대면할 수 있는 평범하지만 껄끄러운 상황, 곧 잘못을 저지른 지체를 대하는 일을 헌신과 책임의 구체적인 맥락으로 보았고, 성령의 열매들이 신자들의 일상과 공동체 가운데 맺히는 바탕이라고 예시했습니다. 왜냐하면 죄지은 사람을 공동체가 함께 용납하고 그와 더불어 회복의 과정을 걸어가는 일이야말로 어쩌면 가장 힘들고 고통스러운 시간이기 때문입니다. 바로 그 어려움과 껄끄러움을 직면하고 돌파하는 중에 성령의 열매들이 가장 아름답게 맺힌다는 사실을 사도 바울은 누구보다 잘 알았던 것이지요.

결혼식의 성혼 서약 때 단골로 등장하는 멘트가 있습니다. 신랑과 신부가 서로를 향해 "기쁠 때나 슬플 때나, 좋을 때나 나쁠 때나 영원히 함께하겠다"고 맹세하는 다짐입니다. 마찬가지로 교회가 된다는 것, 너와 내가 예수 그리스도 안에 한 몸으로 부르심을 받았다는 것은 우리가 끝까지 함께하며 서로를 포기하지 않고 저버리지 않는다는 뜻입니다. 누군가 죄를 짓고, 누군가 상처를 입고, 누군가 벌을 받고, 누군가 흉터를 가지게 되었다 해도 참된 교회는 낙심하지 않고 포기하지 않으며 서로를 향해 선을 베풀고 사랑으로 끌어안습니다. 주님의 말씀을 나누는 가장 행복하고 멋진 순간에도 모두가 그 기쁨을 함께 나누고, 슬픔과 죽음과 절망이 들이닥친 가장 힘들고 고통스러운 순간에도 서로의 붙잡은 손을 절대 포기하지 않습니다. 그것이 교회입니다. 예수님이 우리를 통해 빚어 가시는 당신의 몸입니다.

우리의 마지막 호흡이 그치고 눈을 감는 최후의 순간까지 반드시 기억하십시오. 우리가 연약하고 부족한 형제를 끌어안지 않고는, 죄지은 자를 바로잡아 주고 용납하며 그와 더불어 앞으로 나아가지 않고는 성령의 열매를 온전히 맺어 낼 수 없다는 진리를 말입니다. 비록 지금은 그 과정이 너무나 고통스럽다 해도, 성령이 반드시 우리를 통해 당신의 열매들을 풍성히 맺으실 것이라는 사실을 믿고 인내해야 합니다. 주님의 십자가를 바라보며 신뢰해야만 합니다. 하나님이 주신 믿음의 형제자매들을 향해 낙심하지 않고 포기하지 않는 이 땅의 모든 신자가 되기를 소망합니다. 모든 비참함과 모든 기쁨의 순간까지 나누고 공유하는 교회들이 더 늘어나고, 주께서 반드시 우리의 베풂과 선의가 열매 맺게 하실 것을 믿으며 낙심하지 않는 그리스도인들이 더 많아지기를 기도합니다.

▌핵심 요약 ▕▎▏

- 성령의 열매는 '헌신'(공적 영역)과 '책임'(사적 영역)으로 결실
- 헌신은 죄인 향한 자비로, 책임은 죄 앞에서 자신을 돌아보는 겸손으로
- 성령은 위기를 함께 이겨 내는 교회에 풍성한 열매를 허락
- 그리스도의 몸 된 교회는 기쁠 때나 슬플 때나 영원히 함께하는 공동체

▌핵심 단어 ▕▎▏

- 헌신, 책임, 자비, 겸손, 그리스도의 법, 성령의 선순환, 씨앗, 열매

│ 적용

1. 성령의 열매들은 신자들의 이상 속에서만 작동하는 추상적 개념들이 아닙니다. 이것은 오히려 공동체라는 구체적이고 실제적인 맥락에서 나타나는 미덕들이며 하나님의 은혜의 산물들입니다. 자기 십자가를 지고, 또 서로의 짐을 나누어 질 때 '교회 차원에서' 성령의 열매들이 맺히고 수확됩니다. 이 열매를 맛본 사람들은 다시 한 번 생명과 회복을 누리고 쉼과 치유를 경험합니다. 성령의 아홉 가지 열매를 공동체가 잘 맺어 가고 있는지 면밀히 살펴봅시다.

2. 교회는 죄악이나 고난으로 인한 아픔도, 또한 모든 기쁨과 좋은 것도 함께 짊어지는 공동체입니다. 교회는 예수 그리스도 안에서 한 몸 된 공동체이기에, 걸음이 가장 느린 사람의 발걸음에 맞춰 함께 걷습니다. 좋은 것이 생기면 차별 없이 함께 나누고 누립니다.
혹시 지금 교회 안에 재정적으로나 정서적으로 어려움에 처한 형제자매가 있다면 이번 기회에 작은 도움이라도 나누고 그가 다시 일어나도록 손 내밀어 보십시오. 혹시 지금 내게 귀한 무언가가 생겼다면 대가를 바라지 말고 공동체의 지체들과 기꺼이 나누십시오. 그럼으로써 교회가 교회 되게 만들어 갑시다.

▌나눔

1. 성령의 열매들이 신자 개인의 마음이나 정서적인 상황을 묘사하는 것이 아니라 철저하게 공동체적 맥락에서 현장의 결과물들로 나타나는 회복과 치유의 실재라면, 내가 속한 교회에서는 이 열매들이 구체적인 상황 속에서 각각 어떤 모습으로 맺히고 있는지 관찰하고 분석해 보십시오. 교회에 무슨 열매가 많이 맺히고 무슨 열매가 적고, 어떤 부분이 풍성하고 연약한지 함께 토의해 봅시다.

2. 우리가 선을 행하면서 낙심하지 않으면 때가 되었을 때 반드시 거둔다고 바울은 강조했습니다. 교회 안에서 누군가를 섬기거나 용서하기 위해 부단히 노력했던 경험은 대부분의 신자들이 갖고 있을 것입니다. 하지만 최선을 다했음에도 불구하고 나 자신의 연약함 때문에, 혹은 상대방의 완악함 때문에 결국 포기해 버린 경험이 있습니까? 그때 우리를 낙심하게 만들었던 가장 위협적인 요소는 무엇이었습니까? 다시 유사한 상황이 벌어진다면 끝까지 낙심하지 않고 하나님의 때를 기다릴 수 있을까요?

그리스도의
십자가

6:11-18

사도 바울은 십자가의 비밀을 알았습니다.
십자가는 유대인들에게는 거리끼는 것이고
이방인들에게는 미련한 것이지만,
하나님의 관점에서는 사랑으로 증오를 이기고,
긍휼로 폭력을 이기며, 겸손으로 오만함을
이기는 순간입니다.

■ 바울의 마지막 간곡한 권고

성령의 열매들이 열리는 구체적인 맥락으로서 공동체의 중요성에 관해 역설한 바울은 이제 갈라디아 지역 교회의 성도들을 향한 편지를 갈무리하며 그들에게 인사를 전합니다. 일반적으로 바울이 살던 시대에 통용되던 이러한 편지들의 마지막 단락에는 간단한 인사와 감사의 말, 그리고 안부를 위한 축복의 말 정도가 관례적으로 들어갔습니다. 그래서 바울을 연구하는 많은 신약학자도 대다수 바울서신들은 당대의 일반적인 편지 형식을 따른다고 보고 이런 맺음말 단락들을 크게 중요시하지는 않지요. 다만 갈라디아서는 예외로 둡니다. 왜냐하면 갈라디아서의 맺음말에는 일단 감사의 인사가 없고, 앞서 여러 차례에 걸쳐 기술했던 본론의 내용이 다시 한 번 간명하게 정리되어 또 한 번 강조되고 있기 때문입니다.

사도 바울이 유독 갈라디아 성도들에게 보낸 편지에서는 일반적인 서신의 형식과 관례를 따르지 않은 것, 심지어 맺음말 단락에서조차 이토록 자신의 논지를 재차 강조한 이유는 무엇일까요? 그리고 감사의 인사도 생략한 것은 그의 심적 상태에 관해 어떤 암시를 줄까요? 이는 갈라디아서의 첫머리에서도 그랬듯, 당시 갈라디아의 성도들이 직면하고 있던 신학적 위기, 그리고 바울이 느꼈던 문제의식이 그만큼 심각한 수준이었음을 방증해 줍니다. 이 서신의 첫머리에서도 바울은 신자들을 강력하게 책망하고 질타하며 글을 열었지요.

갈라디아서 1장 6절로 잠시 돌아가 본문의 느낌을 좀 더 명확하게 살려 주는 새번역성경으로 읽어 보겠습니다. **"여러분을 [그리스도의] 은혜 안으로 불러 주신 분에게서, 여러분이 그렇게도 빨리 떠나 다른 복음으로 넘어가는 데는, 나는 놀라지 않을 수 없습니다."** '나는 놀라지 않을 수 없다'는 표현에서 사도 바울의 깊은 실망감과 좌절을 보게 됩니다. 그가 이 편지를 쓴 근본적인 이유가 바로 갈라디아 지역의 교회를 덮친 유대주의자들의 유혹, 그리고 그 유혹에 넘어가고 있는 많은 신자를 호되게 책망하여 복음의 바른길로 되돌리기 위함이었지요.

그래서 바울은 다시 한 번 자신의 이 편지 내용을 강하게 각인시키기 위해 맺음말에 이렇게 썼습니다. **"내 손으로 너희에게**

이렇게 큰 글자로 쓴 것을 보라"(갈 6:11). 바울은 보통 대필자를 통해 편지를 썼습니다. 자신은 옆에서 전달하고픈 내용을 말하고, 로마서에서도 언급되는 더디오 같은 대필자가 그 내용을 받아 적는 식이었지요. 하지만 편지의 말미에는 간혹 친필로 바울 자신이 직접 인사를 적는 경우가 있었는데, 갈라디아 지역의 교회에 보낸 이 서신의 경우 바울이 마지막 단락을 친필로 쓰면서, 특히 자신이 '큰 글자'로 썼음을 강조합니다.

바울이 큰 글자로 쓴 이유는 어쩌면 그가 앓고 있던 육신의 가시, 즉 안구 질환 때문일 수도 있으나 동시에 그만큼 중요한 내용이기에 일부러 큰 글자로 써서 수신자들의 뇌리에 각인시키고자 하는 의도도 있었겠지요. 다시 한 번 이 편지의 내용을 기억하고, 잘못된 점을 반드시 바로잡아 달라는 간곡한 권고였던 것입니다.

유대주의자들이 할례를 강요한 이유

그 간곡한 권고란 할례 받기를 강요하는 유대주의자들의 유혹에 절대로 넘어가지 말라는 부탁입니다. 12절에 언급된 '육체의 모양을 내려 하는 자들'은 율법주의를 표방하는 자들, 특히 할례와 음식법과 엄격한 안식일 준수를 내세워 이방인 그리스도인들까지 다 이러한 율법을 지키는 유대인이 되어야 한다고 주장했던 유대주의자들입니다.

그들은 왜 이방인들까지 할례를 받게 하려고 그토록 열정을 냈던 것일까요? 분명한 사실은 지금 바울이 비난하는 유대주의자들 역시 예수님을 그리스도이자 하나님의 아들로 고백한 그리스도인들이었다는 것입니다. 그런데 그들은 왜 이방인으로 태어나 그리스도인이 된 다른 신자들을 굳이 자신들처럼 유대인으로 만들고자 했던 것일까요?

그 이유가 12절에 설명되어 있습니다. **"무릇 육체의 모양을 내려 하는 자들이 억지로 너희에게 할례를 받게 함은 그들이 그리스도의 십자가로 말미암아 박해를 면하려 함뿐이라."** '그리스도의 십자가로 말미암은 박해를 면하게 한다'는 말이 핵심입니다. 유대주의자들이 굳이 이방인 신자들에게까지 할례를 받게 하려 한 은밀하고도 중요한 동기는 바로 십자가 때문에 일어날 박해를 피하게 해 주기 위해서라는 것입니다. 당시 로마 세계에서 그리스도의 '십자가'는 종교적이고 정치적인 박해를 야기하는 표상이었던 반면에, 유대교의 '할례'는 그 박해를 회피하게 해 주는 종교적 표지였기 때문입니다.

당시 제국 내에서 유대교는 공인된 종교였던 반면, 기독교는 그렇지 않았습니다. 일신교 신앙을 혐오하는 로마 사람들의 정서에도 불구하고, 로마 제정 초기에 유대교는 특수한 경우로 다루어져 그들의 신앙을 공인받고 있었습니다. 그래서 성인 남성 열명 정도만 모여도 로마의 어느 도시에서든지 유대교 회당을 설립할 수 있었습니다. 유대인들의 신앙에 관해 제국은 큰 간섭을 하지 않고 비교적 호의적으로 대해 준 것이지요. 반면, 기독교는 로마에서 공인된 신앙이 아니었으므로 초기 그리스도인들은 언제든 합법적으로 핍박당할 수 있었습니다.

제국에 충성하는 대다수의 신민들에게 기독교는 매우 혐오스러운 종교였습니다. 왜냐하면 황제 숭배를 거부했고, '주님' 혹은 '구원자'라든지, '하나님의 아들' 같은 용어들, 곧 그 당시에는 오직 로마 황제에게만 공식적으로 사용되었던 고백적 단어들을 십자가에 못 박혀 죽은 죄수인 나사렛 예수에게 사용했기 때문입니다. 따라서 그리스도인들은 언제든 당국에 고발당할 수 있었고, 그렇지 않더라도 대다수의 사람들로부터 혐오와 질시의 대상이 되었던 것이지요.

만약 이방인으로 태어나 그리스도인이 된 사람이라 해도 당시 유대교인들의 정체성과 같았던 할례를 받기만 하면, 로마 정부의 입장에서 그는 그리스도인이 아니라 유대인으로 취급되기 때문에 박해를 피할 수 있었습니다. 역사적 자료들을 살펴보면, 니케아 공의회와 콘스탄티노플 공의회 이전에는 실제로 유대교와 기독교의 경계가 매우 모호했습니다.

어떤 사람들은 스스로를 유대인이라 생각하면서도 예수님을 메시아로 받아들였고, 또 어떤 이들은 자신이 유대교인이 아닌 그리스도인이라 고백하면서도 율법의 대부분을 정확하게 준수했습니다. 그러므로 지금 갈라디아에 들어온 '거짓 교사들'의 권유를 받아들이고 할례를 받기만 한다면, 교회를 구성하는 대다수인 이방인 그리스도인들 역시 유대교인으로 분류되어 제국 내 공인된 신앙을 가진 사람들로 취급받을 수 있었던 셈이지요. 예수님을 믿으면서도 불리한 상황이 닥치면 자신은 유대인이라 변명할 수 있는, 일종의 종교적 안전장치가 바로 할례였던 것입니다.

할례가 아닌 십자가를 자랑해야

여기까지 살펴보면, 할례를 받는 일은 그리스도인들에게 큰 유익과 안전을 가져다주는 것처럼 보입니다. 아마 이런 이유로, 할례를 받고자 한 이방인 그리스도인들이 실제로 꽤 나타났을지도 모릅니다. 그러니 바울이 다급하게 이 서신을 써 보냈겠지요. 할례가 제국으로부터의 핍박을 피하게 만들어 주는 안전장치임에도 불구하고 바울은 갈라디아의 신자들에게 절대로 할례를 받아서는 안 된다고 강력하게 주장합니다. 할례는 나의 신앙을 안전하게 지킬 수 있는 요령 혹은 현실적인 대안으로 보이지만, 바울이 보기에는 복음을 훼손하는 비열한 타협이자 선을 넘어서는 배교였기 때문입니다.

이 편지의 전반부를 살펴보면서 이야기했듯이, 음식법이나 안식일 준수 등 율법주의의 요소들은 유대인들에게 다른 사람을 차별하고 증오하는 도구로 작동했습니다. '나는 하나님의 언약 백성으로서 할례도 받았고, 나는 하나님을 위해 정결한 동물들만 잡아먹고, 나는 하나님을 위해 안식일에는 그 어떤 일도 하지 않는다'는 종교적 우월감, 선민사상, 차별의식이 바로 유대인들의 율법을 통해 강렬하게 드러났습니다.

바울이 이야기하는 '육체의 자랑'이 바로 이러한 유대주의적 행태들입니다. '나는 너보다 탁월한 신앙인'이라는 일그러진 자만심, '나는 할례까지 받은 하나님의 백성이지만 그렇지 않은 너는 지옥 땔감'이라는 식의 사악한 우월감이 바로 바울이 대적했던 거짓 교사들의 가르침, 유대주의와 율법주의였던 것이지요.

율법 자체가 악한 것은 결코 아님에도, 그 율법을 통해 자신들을 높이고 타인들을 깔보는 유대인들의 차별의식은 절대로 복음과 조화를 이룰 수 없었습니다. 왜냐하면 복음은 오히려 "나를 십자가까지 낮춰 버리라"는 주님의 가르침이고, "그 십자가 앞에서는 누구도 우월하지 않고 누구도 차별받을 수 없다"는 하나님의 선언이기 때문입니다. 그래서 바울은 할례를 자랑할 수 없다고 이야기합니다. 할례를 받는 것은 곧 율법을 지킬 의무를 스스로 지는 것인데, 이미 예수 그리스도가 십자가를 통해 모든 율법을 성취하셨으므로 굳이 할례를 받고자 하는 것은 오히려 예수님의 모든 은혜를 무시하는 일이 되고 맙니다. 할례 받고 율법을 지키는 것은 당대의 유대인들처럼 스스로의 육체를 자랑 삼는 길에 들어서는 것입니다.

바울은 오히려 십자가를 자랑하라고 강권합니다. 그는 그리스도의 십자가 외에 자신이 자랑할 것이 하나도 없다고까지 이야기했습니다(갈 6:14). 언젠가 바울은 고린도 교회의 성도들에게 이렇게 말했습니다. "유대인은 표적을 구하고 헬라인은 지혜를 찾으나 우리는 십자가에 못 박힌 그리스도를 전하니 유대인에게는 거리끼는 것이요 이방인에게는 미련한 것이로되 오직 부르심을 받은 자들에게는 유대인이나 헬라인이나 그리스도는 하나님의 능력이요 하나님의 지혜니라"(고전 1:22-24).

■ 그리스도의 십자가에 담긴 하나님 나라의 역설

죽음이 있어야 부활이 있다

그런데 바울은 왜 십자가만 자랑할까요? 십자가야말로 하나님의 모든 율법이 성취되는 유일한 순간이며, 예수 그리스도를 통해 온 세상에 선포된 하나님 나라 복음의 절정이기 때문입니다. 만약 갈라디아 성도들의 대다수를 구성하고 있는 이방인 그리스도인들이 유대주의자들의 요구대로 할례를 받는다면, 당장의 종교적 박해와 정치적 핍박은 피할 수 있었겠지요. 하지만 이는 궁극적으로 십자가의 본질을 훼손하고 복음에서 멀어지는 비참한 결과를 낳게 될 것입니다. 왜냐하면 예수 그리스도가 십자가에 못 박혀 죽으신 하나님의 아들이시라는 사실 자체가 모든 종교적 이점들과 정치적 안정성과는 거리가 먼, 매우 충격적이고 혁명적인 복음이기 때문입니다.

오늘날 우리는 어느덧 잊고 살았을지 모르지만, 그리스도의 십자가는 애초부터 안전함이나 안락함과는 거리가 매우 먼 표상입니다. 목걸이나 귀걸이 같은 십자가 형태의 액세서리가 아주 익숙한 우리와 달리, 무려 2천 년 전 그리스-로마 사회에서 사람들이 생각하는 십자가는 혐오스럽고 거리끼는 것 그 이상이었습니다. 한번 생각해 보십시오. 만약 오늘날 우리 중 누군가가 단두대를 자신의 신앙적 상징으로 삼고 그 모형을 목걸이에 걸고 다닌다면 충격적이지 않겠습니까?

바울 당시의 십자가란 바로 이러한 것이었습니다. 십자가에서 처형당했다는 사실 자체가 가장 수치스러운 사건이었고 끔찍하며 혐오스러운 일이었습니다. 그런데 하나님의 진정한 아들이신 예수 그리스도는 바로 그 십자가에서 자신의 생명을 우리 모두에게 내어 주셨지요. 십자가는 절대 피해야 할 그 무엇이었습니다. 그런데 예수님은 담대하게 그 십자가로 나아가셨습니다.

바울은 그런 예수님의 십자가만 자랑하겠노라고 담대하게 외쳤습니다. 대체 바울은 왜 이렇게 정신 나간 소리를 했을까요? 그리스도의 십자가에 함의된 하나님 나라의 역설을 보았기 때문입니다. 그리스도의 십자가가 의미하는 세상의 폭력과 그 폭력에 사랑과 용서로 맞서신 하나님의 마음을 간파했기 때문입니다. 그리스도의 십자가에 담겨 있는 비참하고 낮고 가난한 이들의 복을 발견했기 때문입니다. 그리스도의 십자가에 심긴 부활의 씨앗을 목격했기 때문입니다. **"그러나 내게는 우리 주 예수 그리스도의 십자가 외에 결코 자랑할 것이 없으니 그리스도로 말미암아 세상이 나를 대하여 십자가에 못 박히고 내가 또한 세상을 대하여 그러하니라"**(갈 6:14).

예수님은 하나님 나라에 관해 바르게 가르치셨기 때문에 종교 지도자들의 미움과 증오를 샀습니다. 제 기능을 상실한 성전이 무너질 것이라고 예언하셨고, 하나님의 새로운 백성들이 새 시대의 새 성전이 될 것이라 예고하셨기 때문에 십자가에 못 박혀 죽으셨습니다. 예수님이 십자가에서 흘리신 피는 하나님의 백성으로 부르심을 받은 모든 인류를 구원할 위대한 능력인 동시에, 그분을 따라가는 모든 사람이 흘릴 피와 눈물의 예고편이기도 합니다.

바울은 **"그리스도로 말미암아 세상이 나를 대하여 십자가에**

못 박히고 내가 또한 세상을 대하여 그러하니라"라고 고백했는데, 이것은 그리스도가 세상에 대하여 십자가를 지신 것처럼 자신 역시 그 십자가의 길을 따라 걷는다는 의미입니다. 이제 세상의 논리, 세속적인 가치 체계와 인간들이 만든 기준 따위는 자신을 옭아맬 수 없으며 자신의 생각과 행동을 다스릴 수 없다는 뜻이지요. 예수 그리스도의 십자가는 악한 세상을 대적하는 하나님의 가장 강력한 무기입니다. 그런데 세상에서는 그것이 반대로 나타납니다. 세상의 기준으로 보면 십자가는 가장 비참하고 수치스러운 죽음입니다.

사도 바울은 이러한 십자가의 비밀을 알았습니다. 십자가는 유대인들에게는 거리끼는 것이고 이방인들에게는 미련한 것이지만, 하나님의 관점에서는 사랑으로 증오를 이기고, 긍휼로 폭력을 이기며, 겸손으로 오만함을 이기는 순간입니다. 이방인들에게 십자가는 로마 제국에 대항하다 잡힌 반역자의 사형 틀이었고, 유대인들에게 십자가는 나무에 달려 죽음으로써 하나님께 저주받은 자의 부끄러움이었지만, 하나님의 아들 예수 그리스도는 바로 그 십자가로부터 부활의 새로운 여정을 출발하셨습니다. 죽음이 없이는 부활도 존재할 수 없습니다. 십자가의 수치는 곧 하나님의 영광입니다!

이것이야말로 하나님의 의(righteousness)입니다. 그러니 여기에 할례를 받아 율법으로 조금이라도 자신의 공로를 더하려 하거나, 유대교인이 되어 십자가로 인한 박해를 피해 가려 하는 모든 시도는 악하고 비열한 것이지요. 그리스도인은 십자가 외에 자랑할 것이 없어야 합니다. 십자가 때문에 매를 맞아야 한다면 맞는 것이 그리스도인입니다. 기독교에서 십자가를 빼고도 남는 것이 있다면, 그것은 더 이상 기독교라 부를 수 없습니다. 오직 그리스도의 십자가만이 우리를 하나님의 의로움으로 안내합니다. 십자가의 무게를 견딜 각오가 되어 있지 않은 사람은 그 십자가를 대신 져 주시는 예수님의 긍휼을 얻지 못합니다. 극단적으로 말하자면, 십자가 외에는 다 버리고 포기해도 좋다는 것이 바로 바울의 가르침입니다.

예수의 흔적은 영광의 상흔

바울은 그리스도의 십자가를 위해 자신이 겪어 온 세월을 갈라디아 신자들에게 담담히 고백합니다. **"이후로는 누구든지 나를 괴롭게 하지 말라 내가 내 몸에 예수의 흔적을 지니고 있노라"**(갈 6:17).

바울이 언급한 '예수의 흔적'이란 무엇일까요? 그가 지금껏 그리스도의 십자가를 전하다가 받은 모든 육체적, 정신적 고난의 상흔들을 의미합니다. 유대주의자들이 갈라디아 신자들에게 할례를 받아서 제국의 박해를 피하라고 권면했던 것과 달리, 바울은 오히려 십자가를 전하기 위해 온갖 박해와 폭력들을 자신의 몸으로, 마음으로, 삶 전체로 받아내 왔습니다. 그러나 그는 그것을 자신의 치부로 여기지 않았습니다. 예수의 흔적이야말로 사도 바울에게는 영광의 상흔들이었지요.

율법이 그것을 소유한 자와 소유하지 않은 자, 그 법을 지키는 자와 지키지 못하는 자를 나누고 차별하게 만드는 도구로 전락한 것과 달리, 그리스도의 십자가는 세상의 모든 구분과 차별을 철폐하는 하나님의 능력입니다. 하나님이신 분이 세상에서 가장 비참하고 수치스러운 자리인 십자가에 달려 죽으심으로써, 이제 십자가는 아무리 낮고 연약하고 가난하고 비천한 존재라 해도 누구든 십자가를 통해 하나님의 통치와 긍휼 가운데 들어올 수 있게 해 주는 천국의 계단이 되었습니다.

그러므로 우리는 십자가를 또 하나의 우상으로 삼아서는 안 됩니다. 십자가를 배타적인 종교적 상징으로, 즉 이것으로 또다시 사람과 사람을 구분하고 차별하는 기제로 만들어서는 안 된다는 뜻입니다. 십자가를 깃발에 새겨 넣어 그 신앙과 신학에 동의하지 못하는 이들을 학살하고 노예로 삼고 죽인다면 우리는 십자가가 아니라 십자군을 따르는 사람들이 됩니다. 십자가 복음의 정신을 완전히 왜곡하여 그것을 또 하나의 율법으로 전락시켜 버리는 어리석음에 빠지는 일입니다. 실제로 기독교의 역사 속에서 무수히 일어났던 비극이지요.

십자가는 종교적 기준이 결코 아닙니다. 바울은 바로 그 점을 한 번 더 새롭게 지적했습니다. **"할례나 무할례가 아무것도 아니로되 오직 새로 지으심을 받는 것만이 중요하니라"**(갈 6:15). 여기서 '할례'는 할례 받은 자들, 곧 유대인들을 가리키는 은유이고, '무할례'는 할례 받지 않은 자들, 즉 이방인들을 의미하는 은유입니다. 십자가 앞에서는 유대인과 이방인의 구분이 더 이상 아무 의미가 없습니다. 오직 새로 지으심을 받는 것, 그리스도의 십자가를 통해 나 또한 세상에서 가장 낮은 곳으로 나아가는 사랑의 피조물이 되었다는 사실만 중요합니다. 십자가는 우리를 하나님의 새로운 창조에 동참하도록 이끕니다. 성령의 인도하심을 힘입어 원수를 사랑하고 형제자매들에게 자비를 베풀게 하며, 인간이 세워 둔 모든 차별과 장벽들을 허물어 버리는 하나님의 새로운 사역으로 우리를 인도합니다.

바울은 바로 이 일을 증언하다가 고난받았습니다. 생각해 보십시오. 그는 사실 유대인으로 태어났고 할례까지 받았던 사람입니다. 그러나 유대인과 이방인의 차별을 철폐하고, 남성과 여성의 차별을 지우고, 심지어 자유인과 노예의 차별까지 없애는 그리스도의 십자가를 위해 기꺼이 박해와 고통을 자처하고 감내했지요. 그는 십자가가 또 다른 율법이 되어서는 안 된다는 사실을 알았습니다. 십자가는 또다시 사람과 사람을 나누는 날카로운 종교적 차별의 기준이 될 수 없음을 깊이 깨달았습니다.

하지만 세상이 당연시하는 그 모든 차별과 증오에 대해 십자가의 수치와 연약함으로 맞서는 일은 너무나 고통스럽고 어려운 일입니다. 대단한 바울조차도 십자가의 길을 걷는 것은 하나님의 기적이었노라고 고백합니다. 그래서 그는 갈라디아의 성도들에게 자신의 뒤를 따라오라고 강권하면서, '평강'과 '긍휼'이라는 하나님의 복을 빌어 줍니다. "무릇 이 규례를 행하는 자에게와 하나님의 이스라엘에게 평강과 긍휼이 있을지어다"(갈 6:16).

■ 십자가는 영원히 자랑할 그리스도인의 유일한 가치

갈라디아 지역 교회의 성도들에게 보낸 사도 바울의 편지, 갈라디아서라는 이름을 가진 이 서신은 보통 이신칭의(오직 믿음으로 하나님의 의롭다 하심을 얻는다)라는 유명한 교리를 창출한 위대한 성경으로 불립니다. 하지만 너무나 많은 사람이 이 교리에 대해 '믿음이란 천국행 열차를 타는 티켓이구나' 정도로, '믿음 없는 사람은 지옥 가고 믿음 있는 사람만 천국 가는구나'라는 식으로 받아들이고 말았지요.

이런 식의 믿음에 대한 이해, 복음에 대한 이해는 결국 바울 당시에 그가 극도로 경계했던 거짓 교사들, 바로 유대주의자들이 율법의 행위에 관해 갖고 있었던 생각과 하나도 다를 바 없는 신앙입니다. 어떤 종교적 특징 혹은 '교리'를 공유하는 이들만 하나님의 구원을 독점한다는 생각 말이지요. 이것이 율법이든, 십자가든, 믿음이든, 성령이든 이러한 사상은 사실상 유대주의라는 하나의 거대한 범주에 또다시 속할 뿐입니다. 이는 표지만 달라졌을 뿐 2천 년 전 유대주의자들이 갈라디아의 이방인 신자들에게 했던 할례 받으라는 겁박과 하등 다를 바 없는, 차별과 증오를 바탕으로 한 인간의 종교인 셈입니다.

오직 믿음으로 하나님의 의롭다 하심을 얻는다는 개념은 그리스도의 십자가 대속 사역으로 인해 우리 사이에 존재하는 모든 인간적 미움과 혐오의 벽들이 무너졌음을 의미하기도 합니다. 유대인이든 이방인이든, 남자든 여자든, 종이든 주인이든 그 어떤 누구라도 예수 그리스도를 향한 믿음만 갖고 있다면 온전한 하나님의 백성이라는 위대한 선언입니다. 십자가의 그리스도를 하나님으로, 주님으로, 나의 왕으로 고백하는 모든 존재는 차별 없는 하나님의 자비와 긍휼을 받고, 그분의 영원한 사랑 안에서 성령의 인도하심을 받게 된다는 자유의 대헌장입니다.

오직 십자가를 통해서만 우리는 성령의 열매들 또한 맺을 수 있고 누릴 수 있습니다. 죽을 것만 같은 고통의 순간까지 낮아져 본 적이 없다면, 내 육체와 정신을 갈아 넣으면서까지 누군가를 품어 주고 기다려 준 적이 없다면, 세상에서 천대받고 차별당하는 이들을 위해 내 소유를 기꺼이 내어 준 적이 없다면, 그렇게 예수님의 흔적을 내 몸과 마음에 새겨 보지 않은 사람이라면 성령의 열매들을 맛볼 수 없습니다. 십자가라는 죽음의 나무에서만 맺히는 생명의 실과들, 그것이 사랑을 필두로 한 성령의 아홉 가지 열매인 셈입니다.

십자가는 죽음을 죽이신 하나님의 승리입니다. 십자가는 높고 낮음 자체가 무의미해져서 누구도 높고 낮음으로 차별받지 않는 하나님의 보좌입니다. 십자가는 우리가 영원히 자랑해야 할 우리 그리스도인들의 유일한 가치입니다. 인간은 본능적으로 생명나무를 사모하며 영생을 추구하지만, 십자가에서 죽으신 예수 그리스도께 나아가야만 그 영생의 비밀을 마침내 목도하게 됩니다. 굉장히 역설적이지만, 더없이 아름다운 비밀입니다.

주님이 우리를 위해 죽으신 것은 주님이 우리 모두를 살리시기 위함이었습니다. 오직 믿음만이 우리를 '영생'으로 인도해 줄 수 있습니다. 예수님을 진정으로 믿고 따르는 신자들만이 자기 십자가를 지고 그분의 길에 동행할 수 있습니다. 그렇게 십자가의 예수 그리스도 안에서 마침내 만물이 하나가 되고, 십자가라는 다리를 통해 모든 갈라진 존재들이 다시 손을 맞잡게 될 것입니다.

십자가에 관한 가장 아름다운 해설인 에베소서 2장 13-19절로 갈라디아서 강해를 마무리하고자 합니다. **"여러분이 전에는**

하나님에게서 멀리 떨어져 있었는데, 이제는 그리스도 예수 안에서 그분의 피로 하나님께 가까워졌습니다. 그리스도는 우리의 평화이십니다. 그리스도께서는 유대 사람과 이방 사람이 양쪽으로 갈라져 있는 것을 하나로 만드신 분이십니다. 그분은 유대 사람과 이방 사람 사이를 가르는 담을 자기 몸으로 허무셔서, 원수 된 것을 없애시고, 여러 가지 조문으로 된 계명의 율법을 폐하셨습니다. 그분은 이 둘을 자기 안에서 하나의 새 사람으로 만들어서 평화를 이루시고, 원수 된 것을 십자가로 소멸하시고 이 둘을 한 몸으로 만드셔서, 하나님과 화해시키셨습니다. 그분은 오셔서 멀리 떨어져 있는 여러분에게 평화를 전하셨으며, 가까이 있는 사람들에게도 평화를 전하셨습니다. 이방 사람과 유대 사람 양쪽 모두, 그리스도를 통하여 한 성령 안에서 아버지께 나아가게 되었습니다. 그러므로 이제부터 여러분은 외국 사람이나 나그네가 아니요, 성도들과 함께 시민이며 하나님의 가족입니다"(새번역성경).

우리 주님이신 예수 그리스도의 십자가를 찬미합니다. 그 십자가의 길에 우리의 새로운 발걸음을 옮기기 시작합시다. 서로 용납함으로 교회를 세우고, 오직 예수의 이름으로 온 세상을 향한 구원의 초청을 이어 갑시다. 그 길에 성령이 영원히 함께하실 것입니다.

- 박해를 막아 주는 할례의 실상은 복음을 훼손하는 타협이자 배교
- 바울 메시지의 핵심, '십자가 외에는 다 버리고 포기해도 좋다'
- 예수의 흔적은 영광의 상흔들
- 십자가든, 믿음이든, 성령이든 또 다른 율법이 되어서는 안 됨

핵심 단어 ||||

- 할례, 박해, 예수의 흔적, 그리스도의 십자가, 평강과 긍휼

적용과 나눔

적용

1. 오늘날 교회가 하나님의 백성 공동체로서 이 세상을 좀 더 나은 곳으로 만들기 위해 마땅히 해야 하는 공적 책무(구제, 환경운동 등)도 있지만, 단순히 교회의 이미지를 쇄신하기 위한 목적으로 시행하다가 복음의 본질을 흐리는 과한 결과로까지 이어지는 일도 있습니다. 만일 십자가와 부활이라는 기독교의 두 기둥을 배제하거나 숨기면서까지 무언가를 하려고 한다면 과거 박해를 피하고자 할례를 수용한 배교자들과 크게 다르지 않을 것입니다. 우리는 하나님과 세상 앞에 부끄러운 교회가 되지 않고자 노력하면서도, 복음이야말로 세상이 궁극적으로는 미워하며 껄끄러워하는 것임을 기억하고 때로는 당당하게 맞서야 합니다.

2. 십자가 앞에서는 할례자와 무할례자의 구분이 없습니다. 예수님의 희생과 낮아지심을 통해 나타난 하나님의 끝없는 사랑은 모든 이에게 허락된 은혜이기 때문입니다. 혹 우리가 돌보아야 하는데 잊은 지체들이 있습니까? 우리도 알지 못하는 사이에 성도들 간에 반목이 생긴 적은 없습니까? 노약자들과 장애인들을 향한 배려가 더 필요하지는 않습니까? 진심으로 하나님과 교회를 사랑한다면 이러한 일들이 더 이상 발생하지 않도록 공동체 차원에서 쇄신의 노력을 기울이십시오. 가난하고 연약한 성도들, 거동이 불편한 신자들에게 가장 편하고 좋은 자리를 내어 주십시오. 언제나 누구든 그리스도의 십자가 앞으로 쉽게 초청할 수 있도록, 교회는 가장 낮고 열린 공동체가 되어야 합니다. 우리 모두가 함께 해야 할 일입니다. 교회 전체가 함께 노력해 봅시다.

▌ 나눔

1. 사도 바울은 "내 몸에 예수의 흔적을 지니고 있노라"(갈 6:17)라고 고백
   했습니다. 그것은 그리스도의 십자가를 전하다 받은 모든 육체적, 정신
   적 고난의 상처들이었습니다. 이 같은 영광의 상흔들이 있습니까? 가
   정에서 혼자 예수님을 믿는다는 이유로 부모나 시부모에게 박해를 받
   고 상처를 입은 경험이 있습니까? 주님 때문에 양심을 지키다가 친구
   들로부터 따돌림을 당한 적이 있습니까? 내가 가진 예수의 흔적은 무
   엇인지 함께 나누어 봅시다.

2. 바울의 마지막 고백처럼, 십자가의 길을 걸어가는 일은 고난과 어려움
   으로 점철되어 있기에 하나님이 주시는 평강과 긍휼을 힘입지 않으면
   불가능합니다. 평강과 긍휼은 기도나 말씀을 통해 위로부터 개인적으
   로도 임하지만, 교회 안에서 신자들 간에 오고 가는 위로와 격려의 모
   습으로 우리를 찾아와 감싸기도 합니다.
   십자가의 낮아짐과 희생이라는 고된 삶을 살아가다 교회 공동체를 통
   해 큰 평강과 긍휼을 얻은 경험이 있습니까? 어떤 상황에서, 어떤 사람
   에게, 어떤 도움을 받으며 다시금 신앙생활에 힘을 얻고 소망을 회복
   했는지, 경험을 나누어 봅시다.